突 破 认 知 的 边 界

等

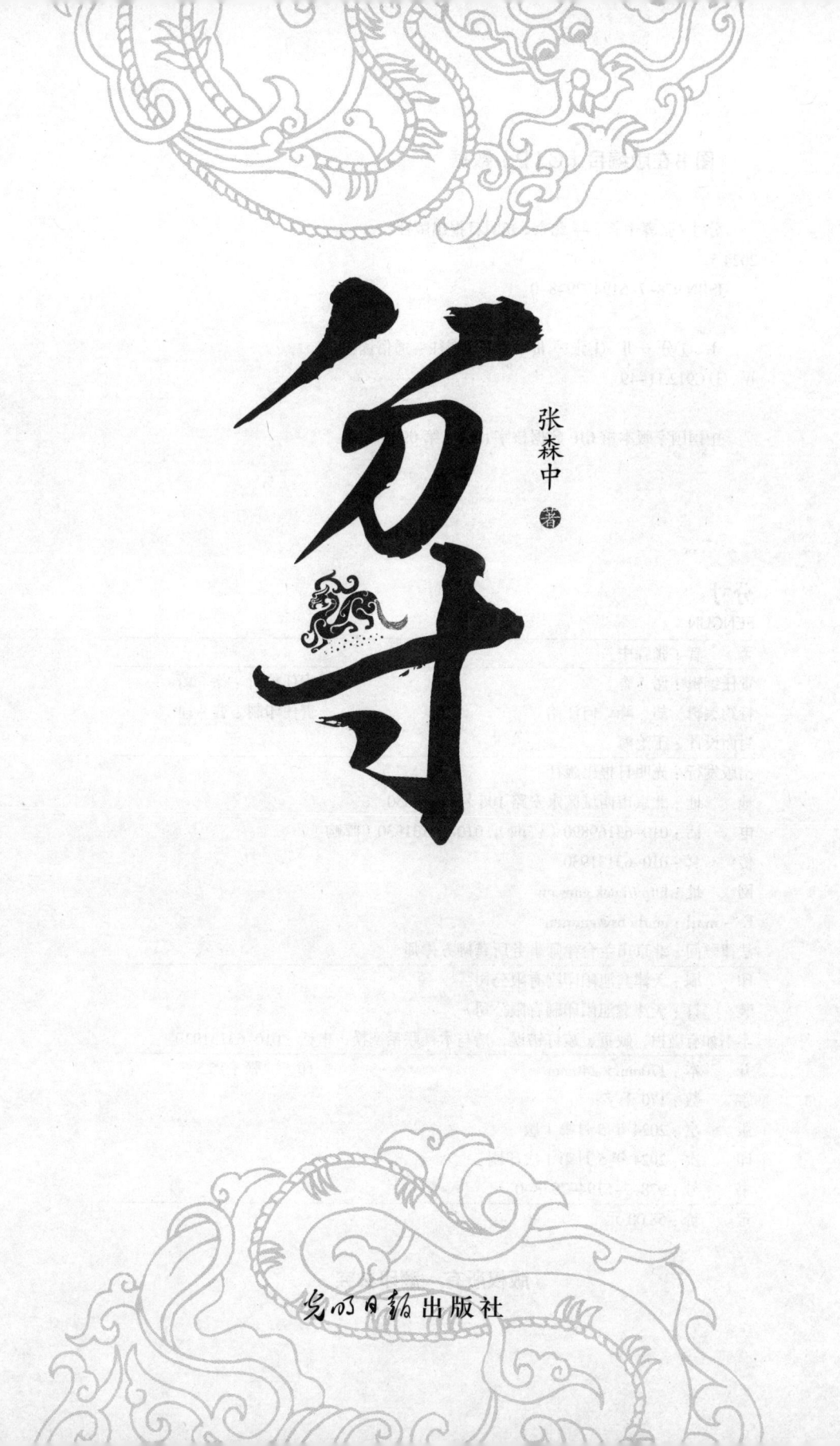

张森中 著

光明日报出版社

图书在版编目（CIP）数据

分寸 / 张森中著 . -- 北京：光明日报出版社，2024.5
　　ISBN 978-7-5194-7948-0

　　Ⅰ . ①分… Ⅱ . ①张… Ⅲ . ①心理交往 — 通俗读物 Ⅳ . ① C912.11-49

中国国家版本馆 CIP 数据核字 (2024) 第 090912 号

分寸
FENCUN

著　　者：张森中
责任编辑：谢　香　　　　　　　　　　　　责任校对：徐　蔚
特约编辑：胡　峰　何江铭　　　　　　　　责任印制：曹　诤
封面设计：于沧海
出版发行：光明日报出版社
地　　址：北京市西城区永安路 106 号，100050
电　　话：010-63169890（咨询），010-63131930（邮购）
传　　真：010-63131930
网　　址：http://book.gmw.cn
E - mail：gmrbcbs@gmw.cn
法律顾问：北京市兰台律师事务所龚柳方律师
印　　刷：天津鑫旭阳印刷有限公司
装　　订：天津鑫旭阳印刷有限公司
本书如有破损、缺页、装订错误，请与本社联系调换，电话：010-63131930
开　　本：170mm×240mm　　　　　　　　印　张：15.5
字　　数：170 千字
版　　次：2024 年 5 月第 1 版
印　　次：2024 年 5 月第 1 次印刷
书　　号：978-7-5194-7948-0
定　　价：58.00 元

版权所有　翻印必究

前 言

著名作家周国平说:"分寸感是成熟的标志之一。"仔细观察身边那些特别让人有好感的人,你会发现他们都拥有令人如沐春风的分寸感。分寸感更是高情商的体现。

这样的人不一定多热情,也不会刻意地与你勾肩搭背、称兄道弟,但他们说话、办事能让你感到稳妥又舒服。他们会小心翼翼地绕过你的伤心事,不会对你的人生指手画脚。哪怕你做出的选择常人无法理解,他们也会对你保持尊重的态度。与这样的人相处,会产生一种安全感、舒服感、被保护感。

太疏远、太傲慢都违背了分寸感的定义,只有站在更高的位置,做出恰如其分的举动,说圆通得体的话,才称得上情商高、有分寸!

2000多年前,孔子说的"欲速则不达""过犹不及"是分寸感。现代作家三毛说的"朋友之间,分寸不可差失"也是分寸感。当一个人的内在文化素养和道德修养慢慢沉淀、结晶,其闪烁的光芒折射在言谈举止上,便成了分寸感!将分寸这一"度量单位"挪至人情世故上，无非是有礼、有度、有边界。

在一档知名的综艺节目上，观众听到最多的一个词就是分寸感。某位导师说，没有分寸感演不好戏。多一分太过火、太假；少一分又缺少了层次感、太木讷。在社交场合中也应遵循同样的道理，谨记安全距离，做到拿捏有分寸，进退有度。在人际交往中，令人心生敬意的往往是牢记分寸的那一方。无论是亲朋好友，还是陌生人，彼此循序渐进地走入对方的世界，才能在相互试探中产生一段细水长流的感情。

然而，现实生活中很多人既不懂得做朋友的分寸，也不清楚与陌生人交往的学问。拿前者来说，将朋友越推越远的，恰恰是你自以为是的"关照"。每个人都是独立的个体，不要过度插手朋友的人生，更不要将对方的善意当作理所当然。

不卑不亢、点到为止，是与人相交的分寸。哪怕对方身份高贵，也不要表现得太过逢迎、唯上，更不要在身处低谷的人面前大谈自己现时的风光与荣耀。交际场合中，巧妙地成全他人的体面，淋漓尽致地展现了一个人的修养与境界。

分寸感体现在说话上，是从不逾越自己的本分，亦不侵犯他人的边界。

见过演员黄渤的人都说他拥有着数一数二的高情商。一位记者问黄渤："你是否觉得自己能代替葛优？"黄渤思忖了一会儿说："这个时代不会阻止你自己闪耀，但你也覆盖不了任何人的光辉。因为人家曾是开天辟地，在中国电影那样的时候，人家是创时代的电影人，我们只是继续前行的一些晚辈，对这个不敢造次！"黄渤做客《鲁豫有约》节目时，主持人鲁豫"不怀好意"地问："你现在很火吧？"黄渤四两拨千斤："那肯定是火，你想都能坐在这儿跟鲁豫聊天了，那还不火吗？"

原来，真正情商高、有分寸的人都是这样说话的！他们幽默却不刻薄，在那种微妙的平衡中自由来回。他们直率却不粗俗，含蓄又不露锋芒，善用画外音来传情达意。他们哪怕批评别人，也如轻风细雨般温柔有礼，让人心服口服。当然，这样的人情商虽高，却不会无原则地讨好别人，不会用阿谀奉承、口是心非来诠释所谓的"八面玲珑"。他们始终坚守着做人的原则与底线，哪怕别人所站的立场与自己不一致，也会耐心倾听他人的发言，保持尊重，用求同存异的方式找到双赢之道。

职场中懂分寸的人，其实是最有发展前途、最受欢迎的那一类人。他们在任何场合都会努力维护上司的面子。也许在工作过程中，受了一些委屈甚至偶尔背黑锅或被上司严厉批评，但他们还是会保持理智，冷静处理，不会任由自我情绪作祟。或许他们看起来很"笨"，不懂得找理由"甩锅"、找借口去推脱责任，一度被优越感十足的同事远远甩在身后。但即便如此，他们亦保持稳扎稳打的节奏，一次专攻一个目标，最后一举实现"反攻"。

参与同事的竞争时，一位有分寸的职场人首先会做好分内之事。他们不会轻易越过同事的"领土范围"、越俎代庖、"帮助"同事处理工作上的事情。他们更不会将自己置于"为他人的错误买单"的尴尬境地。在职场这个小型社会中，他们脚步坚实、目标远大。亦能沉住气不贪眼前小利，懂得扬长避短、优雅避"祸"，因此便能很快脱颖而出。

当有分寸的人处于亲密关系中时，他们的一举一动、一言一行更值得我们学习。爱情里出现问题，他们更多的是反省自己，而不是责备、挑剔伴侣的表现。他们的爱有原则、有分寸，既不高傲，也不卑微；既不会管得太紧，也不会若即若离，这才是一段完美感情的基础。

所以说，"分寸"是一门值得深究的处世学问。本书按照"实用"这一原则，从人际交往、口才、职场、亲密关系等多角度入手，通过缜密的说理、生动的案例将"分寸感"在现实生活中的重要性阐述得淋漓尽致。书中内容贴近现实生活，既有丰富的理论知识，又饱含趣味性。

对想要提高社交情商，增强说话技巧及掌握待人处事的分寸感的读者来说，本书是一个不错的选择。它能带你开启一段"情商之旅"，给你最深的感悟与启迪。

目 录

胸有分寸
有"野心"是本能,藏匿"野心"是本事

弱点内藏,优点外露	003
有"野心"是本能,藏好"野心"是本事	006
害人之心不可有,防人之心不可无	009
静坐常思己过,闲谈莫论人非	012
在不动声色中展露自己的实力	016
地低成海,别让居功自傲害了你	019
隐恶扬善,维护每一个人的自尊	022
能耐再大,别人的事也少掺和	026

转换角度
学会换位思考,懂得感同身受

讲自己状况的时候,尽量避开对方的痛点	031

安慰别人的有效方法：说点你的悲惨事　　035
场面上，要考虑个别人的感受　　038
别人不愿做的事情，不要勉强　　041
换位思考，设身处地替别人着想　　044
别唱独角戏，让大家都有表现的机会　　047
别无所顾忌地在失意的人面前炫耀　　051

祸从口出
话到嘴边留三分

交浅切忌言深　　057
停止争辩才能事得圆满　　059
没有调查，就没有发言权　　063
少一分抱怨，多一分机会　　066
实话实说也要看场合　　070
直话说不通，不妨绕着说　　073
刚柔相济的说话技巧　　077
传达坏消息的艺术　　081

留人余地
给他人留余地，就是给自己留后路

想要批评别人，先要肯定别人　　087
宁可得罪君子，不可得罪小人　　091
为人处世，要学会成人之美　　094
打人不打脸，揭人不揭短　　099
千万别把对手逼到绝路上　　102
见好就收，得理更要饶人　　104
饭不可吃得太饱，事不可做得太满　　107
君子交绝，不出恶声　　111

人低成王
上善若水，低调才是王道

与其逞强，不妨示弱　　117
才不可露尽，力不可用全　　119
学会低头，才能出头　　123
任何时候都不要卖弄自己　　126
有一种功力叫内敛　　129

别不把自己当回事，也别太把自己当回事　　132
先放低自己，才能抬高自己　　135
以屈为伸，以退为进　　138

拿捏尺度
赞美可以投其所好，但不要刻意讨好

聊聊对方的得意之事　　143
遇物加钱，逢人减岁　　146
谈对方感兴趣的话题　　149
赞美不能过于刻意，要真诚　　153
把"不对"统统改成"对"　　157
多用"我们"和"咱们"　　161
找到对方的闪光点，把你的赞美"具体化"　　165

刺猬法则
保持恰当的距离，才能和谐相处

不要觉得混熟了，就可以随便开玩笑　　171

别人做事的时候，请不要指手画脚 174

关系再好，也不说刻薄的话 178

不强迫别人接纳自己的观点 182

自来熟，反而会让人不适 186

帮助别人，不要总把你的恩惠挂在嘴边 189

不轻易向朋友借钱，也不轻易借钱给朋友 193

知趣为上
做人知趣比有趣更重要

听到这些拒绝的暗语，别再死缠烂打 199

安慰失恋的朋友，不要说"是他配不上你" 202

有人邀请你评价她刚买的衣服，要说积极的话 206

错了，立即道歉而不是辩解 210

别人正说到兴头上，别轻易打断和插话 214

有些问题要明知故问 218

提要求，选择别人心情好的时候 222

虽然对方说"欢迎提意见"，但你别真的去提 226

找借口拒绝你的人，可能只是需要你再三邀请 230

胸有分寸

有『野心』是本能，藏匿『野心』是本事

人类社会其实也一样，懂得如何包装自己，伪装自己，把自己的弱点深深地掩藏起来的人，常常就是具备成功特质的人。

弱点内藏，优点外露

刺猬背上的刺可以保护自己，但柔软的腹部是致命弱点，如果它的天敌知道了这个弱点，那么刺猬也很快就完了。同样，一个人不懂得隐藏弱点，不管你多强大，别人总是能找出对付你的办法。所以，懂得隐藏自己的弱点，任何时候都别把自己的软肋露出来，是做人必备的城府和分寸。

汉高祖刘邦在攻击匈奴时，轻率冒进，中了匈奴单于冒顿的计谋，被匈奴围困在白登山，正苦于无法脱身时，谋士陈平献上了一条妙计。

陈平派了一个有胆识的使臣，带着金银珠宝及一幅图画，趁着大雾下山，买通了卫兵，去见冒顿的嫡妻阏氏。使臣献上金银珠宝，只说由汉帝赠送，并取出一幅图画，请阏氏转达单于。阏氏见了亮闪闪的黄金、明晃晃的珍珠，立即收下。

当她看那幅图画时，只见图上画着一个美人，其美貌远远超过自己，立即起了妒忌，含嗔问道："这幅美人图，有何用处？"使臣说："汉帝被单于围困，极愿罢兵修好，所以把金银珠宝奉送阏氏，又恐单于不允许，因此，将国中第一美人献于单于。现已派人去带美人，几天便可到

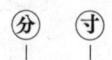

达，请您顺便转达一下。"

阏氏说："这就不必了，美人图你带回去吧！"使臣说："汉帝也舍不得这个美人，也恐怕献给单于后，会夺取了他对您的宠爱，只是现在没有办法，如果有其他的办法，当然就不必献美人，而是情愿多送金银珠宝。"阏氏说："我知道了，请你回去告诉汉帝，让他尽管放心吧！"

要阻止汉人献美人，必得想办法说服单于不再围困汉帝。阏氏返入内帐，坐了片刻，叫醒单于对他说："单于睡得真熟，现在军中传来消息，说是汉朝召集大军，前来救主，明天就要来到了。"冒顿说："有这事吗？"阏氏说："汉帝被困此山，汉人怎肯罢休？自然会拼命来救。倘若我们打了败仗，就不能再享安乐了。"说到这里，大哭起来。冒顿说："那可怎么办呢？"阏氏说："汉帝现在已被困了六七天，可是军中看不到混乱迹象，看来汉帝是有神人相助，单于为什么要违天命行事呢？不如把他放走，免生祸事。"冒顿听了阏氏的话，于是便放过了刘邦。

其实，当时的刘邦已经危在旦夕，若匈奴继续围困，刘邦很可能要命丧白登山。但陈平的计谋却抓住对方的弱处，阏氏的计谋也击中单于的软肋，因此刘邦才侥幸得脱，这实在是不幸中的万幸。

常常有意无意把自己的弱点暴露出来是一种愚蠢行为。很多时候，我们之所以会做一些违心的事，就是因为被人捏住了把柄，抓住了软肋。故而要小心防范，避免弱点被人挟持。

在自然界中，强悍的动物通常能在生存游戏中占据主导地位，就是因为强悍的身体与外表让它们具有强大的生存能力。人类社会其实也一样，懂得如何包装自己，伪装自己，把自己的弱点深深地掩藏起来的人，常常就是具备成功特质的人。掩饰自身的弱点，把自己的优点展示在别人的面前，那么在别人的眼中，你就是一个强者，别人也就不敢对你耍小聪明了。

在职场中，任何一个单位都不是真空般一尘不染，正人君子有之，奸佞小人亦有之；既有坦途，也有暗礁。在这种复杂的环境下，如果不注意自己的言行，往往就容易招惹是非，授人以柄。

人只有先求安身立命，适应环境，然后才能设法改造环境，顺利地走上成功之道。因此，把自己置身于进可攻、退可守的有利位置，牢牢地把握人生的主动权，无疑是有益的。

有"野心"是本能，藏好"野心"是本事

俗话说："枪打出头鸟。"如果过早地暴露自己的野心，公开加入竞争队伍，就会过早地引起对手的关注，让对手有充足的时间制订打败你的策略。

拿捏人性的分寸，深藏不露，韬光养晦，永远是成就事业颠扑不破的真理。凡成大事者，必善于韬光晦迹，如此方能打消对手的警惕性。

清康熙年间，在皇储出现空缺的时刻，作为四皇子的胤禛当时采取了等待时机、坐山观虎斗的策略。要知道，当时诸皇子的争斗早已白热化，大阿哥胤禔和八阿哥胤禩结为一党，而想拥立胤禩的人实在不少；十四阿哥胤禵和九阿哥胤禟结为一伙，势力也不小。众兄弟之间，尔虞我诈，相互倾轧。在这一非常时期，胤禛显得格外聪明，他自知就当时的情况来看，自己几无胜算，于是便以退为进，巧妙地处理各方面的关系。

当时被废掉的太子胤礽，众人都落井下石，胤禛却"十分着急，很想救他"，并表示出救援的态度。康熙帝让胤禛参与对胤礽的监视，胤

禛却设法奏请解掉胤礽脖子上的锁链。胤礽在危难时刻得此相助,自然打心底感激他。

再说对胤禩和胤禵两伙人,胤禛与他们也分别维持着良好关系,不时往来。在父皇康熙面前,胤禛在不同场合为各位兄弟频频说些好话。康熙帝曾说,胤禛"为诸阿哥陈奏之处甚多"。当胤禛被封为贝勒(爵位,比贝子高),而胤禟、胤䄉等被封为贝子时,胤禛启奏说:"都是一样的兄弟,我愿意降低自己的世爵以和兄弟们的地位相当。"

由于胤禛不显山不露水,所以那些为了争夺储位、相互敌视的兄弟对他都怀有某些好感,至少没有把他当成对手。

康熙帝看到胤禛对上孝敬,对下谦让,也增添了几分喜欢。几个月后,胤礽重新被立为太子时,康熙帝特传谕表彰胤禛,说:"前拘禁胤礽时,并无一人为之陈奏,唯四阿哥性量过人,深知大义,屡在朕前为胤礽保奏,似此居心行事,洵是伟人。"如此高度的表扬,胤禛听了却没有欢天喜地,而是一副诚惶诚恐的样子,说他从来没有保过废太子,因而"皇父褒嘉之旨,臣不敢仰承"。他深知此事关系重大,不便承担这个责任和领受这份荣誉,免得一旦太子出事而受牵连,也免得遭受众兄弟的妒忌。

在太子废而复立的这场宫廷斗争中,胤禛八面玲珑,左右逢源,提高了自己的身份和地位,表现出了非凡的政治才能。他虽然也对皇位怀有渴望,但竞争的手段却十分高明。所以,康熙帝逝世后,皇位最终还是由胤禛来继承,他就是历史上著名的雍正皇帝。

从雍正帝成功的案例中,我们可以得到这样的启示,那就是当我们还没有取胜的把握时，就不必四处张扬，让对手知道你的野心。因为对手知道了你的野心，就会早早防范你，与你为敌。而如果我们不显山不露水，并在暗中积蓄力量，那么我们终究会有一鸣惊人的时候。

在金庸小说《笑傲江湖》中，一代枭雄、五岳剑派盟主左冷禅，欲使五岳合并，消灭日月神教，从而一统江湖。左冷禅对自己的野心丝毫不加掩饰，丝毫不顾及自己"名门正派"的声誉，大加杀戮，于是他处处树敌，陷于孤立，最后，一番心血只是为"伪君子"岳不群作嫁衣裳。

如果将职场比作战场，那么，在工作中"韬光养晦"也不失为一种谨慎的保身之计。那些到处张扬、锋芒毕露的人往往人缘不好，不仅在同事中不受欢迎，也很难得到上司的青睐。俗话说："枪打出头鸟。"有了事故，倒霉的也常常是那些风头出尽的人物。所以，聪明人含而不露，遇事先观察，不随便表达意见，毕竟，少说一句话也就少一分说错话的可能。等别人摔了跟头，自己的机会自然就来了。

所以，在机会尚未到来之前，把姿态放低一点，是自我保护的好方法。无论什么时候，都要学会克制自己，不要过早地将自己的意图流露出来。

害人之心不可有，防人之心不可无

荀子在论人性时曾说："人之性恶，其善者伪也。"这种论断虽然过于极端，但也告诉我们，这个世界还是有坏人的。而我们要想在这个社会上立足，甚至出人头地，首先要做的就是学会保护自己，免得遭到那些坏人的暗算。

俗话说："害人之心不可有，防人之心不可无。"做一个单纯的人，本身并没有错，毕竟做人还是单纯一点比较好。然而，太单纯的人往往分不清是非善恶，认为社会上的一切都是好的——虽然主观上这样认为没有什么错，因为自己是好人，所以看谁也都是好人。只是客观上并没有这么简单，所以我们唯有认清是非善恶，才能更好地保护自己。否则被人给卖了，还帮人家数钱，还谈什么成功呢？还谈什么出人头地呢？

唐德宗时，杨炎与卢杞曾一度同任宰相，杨炎善于理财，文才也好，而且做人胸怀坦荡，光明磊落。至于卢杞，嫉贤妒能，除了巧言善辩，别无所长。

两人同处一朝，杨炎有点看不起卢杞。按当时制度，宰相们一同在政事堂办公，一同吃饭，杨炎却不愿与卢杞同桌而食，经常找个借口在别处单独吃饭。于是一些别有用心的人趁机挑拨卢杞说："杨大人看不起你，不愿跟你在一起吃饭。"卢杞自然怀恨在心，便开始找杨炎下属官员的过错，然后上奏皇帝。这样一来，两个人的隔阂就越来越深。

当然，唐朝的藩镇割据颇为严重，很多地方中央根本管不了。有一次，梁崇义发动叛乱，德宗皇帝于是命令李希烈前去讨伐，杨炎不同意，说："李希烈这个人，杀害了对他十分信任的养父而夺其职位，为人凶狠无情，他没有功劳却傲视朝廷，不守法度，若是在平定梁崇义时立了功，以后就更不可控制了。"但德宗已经下定了决心，对杨炎说："这件事你就不要管了！"然而，杨炎还是坚持自己的意见，一再表示反对，这使对他早就不满的皇帝更加生气。

不巧赶上天下大雨，李希烈一直没有出兵，卢杞看到这是扳倒杨炎的好时机，便对德宗皇帝说："李希烈之所以拖延不肯出兵，正是因为听说杨炎反对他，陛下何必为了保全杨炎的面子而影响平定叛军的大事呢？不如暂时免去杨炎宰相的职位，让李希烈放心出兵，等到叛军平定以后再起用，也没有什么大关系！"

这番话看上去完全是为朝廷考虑，也没有一句伤害杨炎的话，因此德宗皇帝一听，信以为真，于是免去了杨炎宰相的职务。从此卢杞独掌大权，并找了个借口将杨炎杀害。

杨炎遭到小人的暗算，最终死于非命，着实让人叹息。而他之所以倒在卢杞为他挖好的陷阱里，最直接的原因就是他没有防人之心。如果他能够稍加防范，那么他的人生就是另一种结局了。

世上最难测的便是人心，某些人貌似正人君子，平时总是嬉皮笑脸，但下起手来比谁都狠，比谁都黑。对于这种背后捅刀子的小人，与其打交道时要谨慎小心，否则等出了事，一切就晚了。

东汉末年的吕伯奢，本是曹操多年的挚友，在曹操逃避缉捕之际，对他热情款待，但曹操为了保证自己的行踪不被人泄露，临行之际把吕伯奢一家上上下下、老老小小杀了个精光。有人说这是枭雄的作为，但如果你不幸交到了这种朋友，那么你不但会成为对方的垫脚石，而且还会遭到厄运。

现实中，一个襟怀坦荡、敢作敢为而不知自保的人，只会处处碰壁。若是心里藏不住事，把谁都当作知己，尽管心地善良，最终也只会遭到暗算。所以，在让自己做一个好人的同时，还要防范坏人，这样才能保护好自己，才能使自己有能力去照顾更多的人，做更多的好事。

静坐常思己过，闲谈莫论人非

"静坐常思己过，闲谈莫论人非"，意思是说，平常没事的时候多反省自己，少说别人的闲话。虽然这只是很平常的两句话，却富含哲理，意味深长，既是明哲保身的处世分寸和边界，也是一种极高的修养境界。

在背后议人非，不仅会在人际关系中造成猜疑和误会，影响团结，还会"搬起石头砸自己的脚"。

日常工作生活中，大家往往在工作间隙或者茶余饭后，三五聚首，摆摆"龙门阵"，既交流思想，增进友谊，也增加知识储备。然而，却有那么一种人，在这种场合专爱飞短流长，拨弄是非。他们一会儿说张三坏话，一会儿讲李四隐私，一会儿说王五出了什么问题，一会儿讲赵六怎么不行。其"新闻"来源或道听途说，或无中生有，或捕风捉影，或歪曲夸大，无非以讹传讹，扰乱视听。别看这些都是闲言碎语，但危害却不小，往往使当事人惹上麻烦，给人际关系蒙上阴影。

某公司有一个男同事，见到张三时就说李四不是，见到李四时就说张三不好。后来，张三和李四成为知心朋友，他一下子便"原形毕露"

了。从此，公司里的人一看到他就躲得远远的，谁也不愿搭理他。没过多久，他便默默地向公司递交了辞职报告，黯然离开了。

这种损人不利己的行为，在各种竞争中无疑是愚蠢的。而且即便如此做对己有利，也不能为此而"损人"，靠贬低别人来抬高自己，要知道"路遥知马力，日久见人心"，这种鼠目寸光的行为，终归要使自己在道德品质上"丢分"，有损人格尊严，也使自己永远失去他人的信任和友谊。

在平时交谈时，我们要完全不谈及其他人和事是很难做到的，问题是要把握好一个准则：当说到别人时，应想想这些话是否会给别人造成不良的影响，是否会引起误会，引起这个人与其他人之间的矛盾，等等。

凡是会引起不良后果的话，坚决不说。之所以要这样做，并不是说我们对"他人非"一概缄口不言，只是需要注意场合，讲究方式。如果是朋友身上的短处，那就应该本着对朋友负责的态度，大胆地指出来。至于别人的长处，倒是不妨多谈一些。

《红楼梦》里，史湘云、薛宝钗劝贾宝玉去做官，贾宝玉大为反感，对史湘云和袭人赞美林黛玉说："林姑娘从来没有说过这些混账话！要是她说这些混账话，我早和她生分了。"凑巧，林黛玉这时正好来到窗外，无意中听到贾宝玉说自己的好话，不觉又惊又喜，又悲又叹。结果宝黛二人互诉心声，感情大增。

所谓"金无足赤，人无完人"。现实中，每个人都有自己的长处和不足，对自己要"常思己过"，对他人要"莫论是非"。一个人发现自己的长处并不难，难得的是发现别人的长处，更难得的是接受别人的长处，允许别人有缺点、不足和不同的意见。学会欣赏他人、赞美他人、宽容他人，尊重差异、加强沟通，才能获得更多的友谊和快乐，减少烦恼。

"闲谈莫论人非"，这句话虽然不是什么名人名言，却是放之四海皆准的警句，提醒我们不要去谈论别人的是非。很多时候，得罪人往往就是一句不经意的话，所谓"祸从口出""言多必失"，说的就是这个意思。

曾看过这样一个故事：有个投资人打算给一家小公司投资1000万美金，当他跟这家公司的CEO聊天的时候，意外发现这个CEO总抱怨自己手下的员工能力太差，公司副总心胸狭窄。投资人听了之后，立刻告诉他："我觉得投资你们公司的风险太大了，你还是找别人融资吧！"说完就走了，只留下那位茫然的CEO。

在这个故事中，那位投资人的做法看似小题大做，但实际上是因小见大。他看到了CEO的人品问题，也就知道这个小小的人品问题会在以后的工作中引爆一个更大的雷，那时后果将不堪设想。

2010年4月28日上午，时任英国首相布朗去英格兰小镇罗切戴尔为竞选拉选票，助手安排首相与66岁的杜菲夫人见面，她是一位坚定的工党支持者，同时也是一名退休的寡妇。她和布朗交流了有关移民、政府债务等一些尖锐的问题。后来她抱怨道："越来越多的东欧人住在我家附近，严重干扰了我的正常生活，你准备采取什么措施限制日益严重的移民问题呢？"布朗当然做了耐心的说明。

布朗在活动结束后乘车离开现场，在车上时，他对助手抱怨说："真糟糕，这是谁的主意，让我和这个老女人对话？她根本就是一个顽固不化的女人。"

令布朗没想到的是，他说这些话时，忘了身上佩戴的电视直播麦克风没有关闭，这些话被原原本本地记录下来并直播出去。

杜菲夫人听了之后，非常气愤地说："我很难过，他是一个有教养的人，为什么会说出这样的话？我问了他一些所有人都会关心的问题，而他居然说我是顽固不化的人。我强烈要求首相道歉。"

这场小风波很快就成了布朗乃至工党的形象危机。布朗做了最大努力来补救，后来驱车去了杜菲夫人的家，和老太太闭门进行了长达45分钟的私人会谈。会谈结束后，布朗又随即在电台向民众做了道歉。但此事并没有这样简单地平息下去。杜菲夫人的态度还是很坚持："这次我原本已经填好了给工党的选票，但现在我将放弃投票，无论布朗胜败，我都毫不在乎。"结果可想而知，布朗很快就下台了。

我们很多人都有这样不好的习惯，即不是当着别人的面指出问题，而是常常在别人背后说坏话。殊不知，这样的危害更大。所以，我们必须坚持一个做人的原则就是：闲谈莫论人非。

这个世界是一个无处不透风的世界，所以如果我们一定要背后谈论别人的话，那就多说一些别人的好话和优点，这样才会提高自己的人品和增强自己的魅力。

在不动声色中展露自己的实力

新东方教育集团董事长俞敏洪曾在微博上表露心声：曾经很偏激，很愤世嫉俗，直到头破血流之后，才发现偏激和愤世并没有带来好的结果，因为生活不能只看到问题，而是要寻找解决问题的方法。有些问题是因为自己的弱点产生的，就需要改变自己；有些问题是外在的环境造成的，这就需要我们先去适应，然后才能想办法去改变。

怀才不遇的人，任何一个时代都有。如果只一味抱怨生不逢时，甚至愤世嫉俗，只是白白耗费精力，往往一事无成。而有分寸的人，往往能够使自己冷静下来，在不动声色中不断修炼自己，提升自己。

夏桀是历史上有名的暴君，他荒淫无度，昏庸残暴，惹得天怒人怨、众叛亲离。当时，属国商国的国君商汤看到夏桀已失民心，便决心推翻夏桀，为此想尽办法搜罗人才。商汤手下虽然有不少能征善战的大将，但还缺少一位足智多谋、运筹帷幄的谋士，商汤因此心急如焚。

正在此时，商汤发现近来吃的饭菜不是淡而无味，就是咸得发苦，他十分恼火，便派人把厨师伊尹找来大加训斥。

伊尹却不慌不忙地说："我当然知道做菜不能太淡，也不能太咸，只有咸淡适宜、五味调和，吃起来才有味道。这几天我做的菜时淡时咸，其实是有意借此提醒大王，治国与做菜的道理是一样的，既不能操之过急，也不能放松懈怠。只有不温不火，恰到好处，方能如愿以偿。"

商汤听了伊尹的这番话，暗暗大吃一惊，他万万没有想到一个做饭的奴隶，竟然能说出这番深刻的话，还深谙治国之道。于是商汤派人暗中了解伊尹的身世。原来，伊尹是一位博学多才的学者，还曾做过有莘国的宫廷教师，有莘国灭亡后，伊尹才做了商汤妻子的陪嫁奴隶。毫无疑问，这是一位胸怀大志、精通韬略的奇人，正是商汤梦寐以求的栋梁之材。商汤大喜过望，当即解除了伊尹的奴隶身份，任命他为右相。

此后，商汤根据伊尹的建议，先是制造舆论，历数夏桀骄奢淫逸、倒行逆施的种种罪行，号召那些被夏朝统治的部落起来反叛夏朝，归顺商国；对于那些不听规劝的部落，则出兵讨伐，予以消灭；对于夏朝的羽翼，则采取各个击破的办法，使夏朝逐渐孤立。同时，商汤也采纳了伊尹的策略，对夏朝部族中的某些人网开一面，给他们机会，让他们改邪归正。这样一来，商汤美名远播，成为众望所归的领袖，得到了广大百姓的拥戴。最后，当商汤觉得时机已经成熟时，便在伊尹的辅佐下，挥师伐夏，推翻了夏桀，建立了商王朝。

同样的故事还有姜子牙，他也是因为怀才不遇而隐居于渭水边，很想有朝一日能实现自己的政治抱负。他就用直钩钓鱼，且不放鱼饵，美其名曰"愿者上钩"。后来周文王打猎来到渭水边，觉得他是个奇人，一聊之下，果然很投机，于是就请他出山辅佐自己。而此时，姜子牙已经80多岁了。

其实，在大多数情况下，一个人怀才不遇并不是别人造成的，而是自己造成的，要么是你才华不够，要么是时机不到。无论是哪一样，都需要你沉住气，不浮躁，耐得住寂寞。

中国历史上唯一的女皇帝武则天，14岁入宫为才人，被唐太宗赐号"武媚娘"；唐太宗去世后，她出家当了尼姑。但她并不急躁，而是养精蓄锐，等待时机：回宫后先是卑躬屈膝侍奉皇后，在暗中培养自己的力量，最后终于一步步走向人生的巅峰。

所以，越是在没有人赏识你的时候，就越要自我激励，把时间和精力用在最有价值、最有意义的地方。

例如，有很多人抱怨找不到好工作，认为是社会体制的问题，或者是缺乏"伯乐"的原因，但是他们从来没有想过，自己到底是不是千里马呢？你不是千里马，即使有伯乐也不会看上你啊；而你若真的是千里马，那也需要一个合适的时机。

无数事例证明，"人才"不能只依赖社会，坐等机会的到来，而是要在了解、适应社会的基础上，主动寻找或搭建舞台来展示自己的实力，体现自身的价值，逐步由低到高、由小到大，分阶段地成就自己的事业。

每一位"怀才"者都不能幻想一开始就可尽显风流、叱咤风云。要知道圣哲贤明如文王、孔子，才华横溢如屈原、贾谊，严谨博学如韩非、司马迁等均有自己的无奈，也屡遭挫折与磨难。因此，我们只有脚踏实地，用自己的才能回报社会、造福社会，方不致令自己所怀之才沦入"不遇"之境。

地低成海,别让居功自傲害了你

对许多聪明人来说,人生最大的缺陷不在外部,而在自己。如果凭借一时的势力就居功自傲、狂妄自大、目空一切,乃至功高震主,那么离灾祸就不远了。所以,凡是胸有分寸和边界之人,都知道居功之害,不论任何好事都守住自己的本分,知退让之机。

西汉初期的韩信,是数百年难得一见的帅才。他在与项羽的战争中战无不胜,攻无不克,从暗度陈仓,到背水列阵,再到水淹龙且、垓下之战,几乎每一战都有神来之笔。

韩信接连灭掉魏赵燕齐,名声大振,以至天下人只知有韩信而不知在他的上面还有一个刘邦。随着功劳越来越大,韩信的胃口越来越大,野心也越来越大。刘邦被项羽围困时,命韩信发兵来救,但韩信却趁机要挟刘邦封他为"假齐王"(齐国的代理王)。刘邦迫于无奈,封了韩信齐王,但心里却对他越来越恨,所以等天下一平定,就找了个机会把韩信给免了。

然而,即使这样,韩信还是没有明白自己错在哪里。有一次,刘邦问韩信:"你看我能带多少兵?"韩信回答说:"最多不过十万。"刘邦

又问:"那么你呢?"韩信说:"我嘛,当然是多多益善。"这样一来,又大大地伤害了刘邦的自尊心。结果,没过多久,韩信就被吕后设计杀死了。

喜好虚荣,爱听奉承,这是人性的弱点,作为一个万人瞩目的帝王更是如此。谁不愿意功劳卓著?尤其是作为君主,哪个能容忍臣下的功劳超过自己呢?

唐朝时,唐宣宗即位,看到功高权重的李德裕,心里忌惮,很不平衡,以至于头发被汗水浸透了。汉朝时,汉大将军霍光为汉宣帝护卫车乘,而宣帝有如芒刺在背。功劳高了,震慑人主,必然会招致祸端。

三国末期,西晋名将王濬于280年巧用火烧铁索之计,灭掉了东吴。三国分裂的局面至此方告结束。岂料王濬在克敌制胜之日,竟受谗遭诬。安东将军王浑以其不服从指挥为由,要求将他交司法部门论罪,又诬陷王濬攻入建康后大肆抢劫吴宫的珍宝。

这不能不令功勋卓著的王濬感到畏惧。当年,消灭蜀国,受降后主刘禅的大功臣邓艾就是在获胜之日被谗言构陷而死的,他害怕重蹈邓艾的覆辙,便一再上书,陈述战场的实际状况,辩白自己的无辜。晋武帝司马炎倒是没有治他的罪,而且力排众议,对他论功行赏。

可王濬每当想到自己立了大功,反而被别人压制,一再被弹劾,便愤愤不平,每次觐见皇帝,都一再陈述自己在伐吴之战中的种种辛苦以及被人冤枉的悲愤,有时感情激动,也不向皇帝辞别,愤愤离开朝廷。

他的一个亲戚范通对他说:"足下的功劳可谓大了,可惜足下居功自傲,未能做到尽善尽美!"

王濬问:"这话什么意思?"

范通说:"当足下凯旋之日,应当退居家中,再也不要提伐吴之事,如果有人问起来,你就说:'是皇上的圣明,诸位将帅的努力,我有什么功劳可夸的!'这样,王浑能不惭愧吗?"

王濬听了这番话,才如梦如初醒,按照他的话去做了,谗言果然渐渐消失了。

"伴君如伴虎",是古人总结出来的至理名言,这告诉我们,如何与领导相处是一门很大的学问。很多时候,把功劳让给上司才是明智之举。

在与人打交道时,尤其是与职位比你高的人交往时,要记住不要让你的光芒抢了他们的风头,这是做人应有的分寸,要不然你会得罪自己的上司,堵了自己的后路。

无论是生活中还是职场上,我们都应该明白:即使自己很有才,也不要太过显露。毕竟你的上面还有人,而恃才傲物,居功自傲,只会成为他人的"眼中钉"。

胸有分寸和边界之人,应该知道居功之害,不论任何好事都守住自己的本分,知退让之机。

隐恶扬善，维护每一个人的自尊

传奇的法国飞行先锋、作家安东尼·德·圣埃克苏佩里曾经说过："我没有权利去做或说任何事以贬抑一个人的自尊。重要的并不是我觉得他怎么样，而是他觉得他自己如何，伤害他人的自尊是一种罪行。"的确，每个人都有很强的自尊心，尤其是那些犯了错误的人。所以，有分寸感的人不会当众批评他人，尤其不会在大庭广众之下对他人横加指责。

古人说："闻人之恶，当如闻父母之名；耳可得闻，口不可得而言也。"所以，别人的错误和缺点，只宜于隐藏，而不宜于宣扬——隐藏不是掩盖，而是没有关系自身利益或无关紧要的不说、不宣扬，掩盖便是帮助其犯错，趋于谄媚了。

清朝康熙年间有位王吉武，有一年秋试，他考中后返乡，快到家时，遇一醉汉拦住问他："你是谁？"拿刀就要杀他。王吉武说："我是王某，就是新科考取的人。"醉汉说："我就是要杀死你。"说完疯狂向他扑来。幸而当时有邻居跑来救护，王吉武才逃脱出来。但他回家后，根本没有将这件事告诉家人。

第二天，醉汉醒来，想起昨晚之事心里很害怕，认为王吉武会去告发自己，于是赶紧上门谢罪。但是王吉武闭门不见，好像什么事也没发生过一样。

王吉武的涵养很深，能够宽容人，他受到醉汉攻击，不但不和他计较，对家人也只字不提。

上古时期的舜帝，就有隐恶扬善的美名。有一次，舜在河滨见渔人争抢深潭，老弱只能在浅滩急流中打鱼，舜见了心里很悲哀，他也去打鱼。他见到争抢的人，隐藏其过，口中不说；见有谦让者，就赞扬效法他。一年后，渔人都以深水相让。

舜帝的这种修养，也得到了孔子由衷的赞叹："舜帝真是一个有大智慧的人呀！他不耻下问，而且善于对那些浅近的话仔细审察，听到不合理的恶言便包容，听到合理的善言便加以表扬。他抓住两个极端的偏向，而用中庸之道去引导他们。这就是舜之所以为舜的道理呀！"

包容他人的过失，并不是不明是非，而是促其改过自新的一种方式。比如战国时赵国的蔺相如对廉颇的包容就成了"将相和"的佳话，两个人成为莫逆之交，秦国也因此不敢窥视赵国。

"海纳百川，有容乃大"，宽容，就要容人之过。人非圣贤，孰能无过？在生活中，难免会发生这样的事：亲密无间的朋友，无意或有意做了伤害你的事。你是宽容他，还是大肆宣扬他的错误，让他下不了台？

凡是有分寸之人都懂得尽量回避从正面触痛他人，而是选择旁敲侧击，给对方一个缓冲余地。这样，既保全了自己，又达到让对方改正的目的，对方还会因为你维护了他的自尊而对你心存感激。

战国时期，齐、魏两国长期征战。有一次，齐国想讨伐魏国。淳于髡觉得此时伐魏，对齐国很不利，于是极力阻止齐国出兵。

他对齐威王说："韩国的黑犬是天下跑得最快的狗，东郭的狡兔是四海之内最敏捷的兔子。韩国的黑犬追逐东郭的狡兔，围着山跑了三圈，腾越五座山，兔子尽力往前跑，狗竭力在后面追，狗和兔都跑得筋疲力尽，双双死在那里。一个农夫见此情景，不费吹灰之力，独占其果。如今，齐、魏两国已经相互征战了很久，双方实力相当，长期不分胜负，长年的战争使士兵们困苦不堪，人民精疲力竭，生活得不到保障。我很担忧，我们两国长期交战的结果，就会像那韩国的狗和东郭的兔子一样，双双累死，而那强大的秦国却来坐收农夫之利。"

淳于髡用隐语指出齐威王在处理政事上的失误，齐威王听后觉得淳于髡言之有理，于是取消了伐魏的想法。

我们都知道，当面的指责会伤害他人的自尊心。所以，在我们劝阻一件事情时，要记住永远避开当面指责他人。不妨委婉、间接地示意对方，这样的话，他不但会接受，而且还会从心底感激你。

其实，只要对方所犯的错误不是原则性的，我们就没有必要当众指责对方。如果一定要说，那就采取不指名道姓，用较温和的语言，只点明问题；或者是用某些事物对比、影射，也就是平常所说的点到为止。

乐羊子出门求学，七年未归，家里的母亲和妻子相依为命，家境艰难。一日，婆婆因为嘴馋，偷杀了邻居家的一只鸡，媳妇知道后并未恼怒。当婆婆端着香喷喷的鸡肉上桌时，媳妇却不动筷子，婆婆忙问何故，媳妇才伤心地说："媳妇无能，没有伺候好婆婆，使得饭桌上有了不是自家的鸡肉。"说着，不禁潸然泪下。婆婆听了，惭愧难当，主动承认自己的错误，并答应向邻居道歉。

其实，给他人面子，就是给自己面子，可以说这是一种"双赢"结果。总之，在生活或工作中，面对他人的过错尽量处理得巧妙一点、含蓄一点，这样既让对方明白自己的错误，又能心悦诚服地改过。

能耐再大，别人的事也少掺和

凡是有人存在的地方，就会有是非。而且，除了大是大非，很多是非观是没有什么标准的，可以说你有你的是非观，他有他的是非观，很难讲得清。

有些年轻人以为凭借着小聪明，就可以左右逢源，把事情做得滴水不漏，于是他们不仅有失分寸地为领导做参谋，还盲目地去掺和自己职责和工作之外的事情，结果净干一些出力不讨好的事情。在这点上，三国时的杨修就给后人留下了深刻的教训。

杨修是曹营内的行军主簿，他思维敏捷，甚有才名。起初曹操很看重他，可杨修却不安分起来，经常卖弄聪明，后来竟然搅和到曹操的家事里。

曹操的长子曹丕、三子曹植，都是曹操继承人的人选。曹植能诗赋，善应对，很得曹操欢心，曹操很想立他为太子。曹丕知道后，就秘密请自己的谋士吴质到府中来商议对策，但害怕曹操知道，于是就把吴质藏在大竹片箱内抬进府来，对外只说抬的是绸缎布匹。这事被杨修察觉后，他不加思考，直接去向曹操报告，于是曹操派人到曹丕府前进行盘查。

曹丕闻知后十分惊慌，赶紧派人报告吴质，请他快想办法。吴质听后很冷静，让来人转告曹丕说："没关系，明天你只要用大竹片箱装上绸缎布匹抬进府里去就行了。"结果可想而知，曹操因此怀疑杨修想帮助曹植来陷害曹丕，十分气愤，更加讨厌杨修了。

还有，曹操经常要试探曹丕和曹植的才干，每每拿军国大事来征询两人的意见，杨修很聪明，一猜就能猜出曹操要问他们哪些问题，于是就提前替曹植写了十多条答案，使得曹植能够对答如流。对于曹植的表现，曹操心中难免又产生怀疑。后来，曹丕买通曹植的亲信随从，把杨修写下的答案呈送给曹操，曹操当时气得两眼冒火，愤愤地说："匹夫安敢欺我耶！"

又有一次，曹操让曹丕、曹植出城，却又暗地里告诉门官不要放他们出去。曹丕第一个碰了钉子，只好乖乖回去，曹植闻知后，又向杨修问计，杨修很干脆地告诉他："你是奉魏王之命出城的，谁敢拦阻，杀掉就是了。"曹植领计而去，果然杀了门官走出城去。曹操知道以后，先是惊奇，后来得知事情真相，愈加气恼。

最后，曹操忍无可忍，终于找了个借口把杨修杀掉。

曹丕与曹植争夺世子之位，这本是曹操的家事，不是一般人可以介入的，但杨修却看不透这一点，只顾卖弄自己的聪明。他帮曹植出主意、想办法，帮他在曹操面前邀功取宠，而对曹丕则贬损有加，结果引起曹操的极大不满。有些事是掺和不得的，最明智的选择一定是远离是非，尽量不要使自己搅入其中。

唐朝前期著名诗人苏味道，仕途顺利，官运亨通，做宰相前后达七年之久。他常对人说：处理事情，不要决断得太清楚，太明白——只是这个人把事情做到了极点，成为反面教材，世称"苏模棱"。很多事是说不清楚也讲不明白的，所谓"清官难断家务事"，因此对于别人的是是非非，最好还是少管一点为妙。

当然，除了别人的家事不要瞎掺和之外，下面的这两件事也是不能随便掺和的：

第一，不掺和他人分内的工作。正所谓"不在其位，不谋其政"，对别人分内的工作、别人分管的事情，决不能像个万事通，到处指手画脚，评头论足。

第二，不掺和流言蜚语。这一点包括不透露不该透露的消息，不传播没有根据的小道消息，不议论别人的长短是非，不炒作各种话题。

古话说："多一事不如少一事。"这话听起来虽然消极，但在为人处世的过程中，却是金玉良言。譬如，别人的私事，你非要掺和，结果非但吃力不讨好，甚至会惹出更多的是非。

转换角度

学会换位思考，懂得感同身受

所谓换位思考，指的就是设身处地为他人着想，想人之所想。相互理解和信任，这是人与人之间交往的基础，也是建立和维持各种友谊与情感的基础。

讲自己状况的时候，尽量避开对方的痛点

　　与朋友一起聊天，明明只是在说自己的事，但旁边听的人却突然生气；和恋人相处，明明没有说过对方任何的不好，对方却莫名地发火。为什么会这样？很简单，因为我们在说一些话的时候有失分寸，从而无意中刺中了对方的痛点。

　　最近，一部清宫戏火爆网络，一时间公交车上、餐厅里、大街小巷，到处都能看到有人低头拿着手机观看。张超平时很不喜欢看这种类型的电视剧，因为他觉得这种电视剧实在是太不符合逻辑了，而且极不尊重历史，因此他常对其口诛笔伐。

　　没多久，公司组织聚餐，酒足饭饱后大家相互闲谈，不知怎么的，话题突然转到对当下电视剧的看法上。说起这个，张超浑身来劲儿，当即口若悬河、滔滔不绝地说了起来，将这部戏批得一无是处，直言"看这种剧的女孩找不到男朋友"。

　　本来，这句话有夸张意味，调侃的意思多过批判，大家听听也就罢了。却不料，他这话一说出口，坐在邻位的女同事就猛地一拍桌子……

所谓痛点，顾名思义，就是能够令人感到疼痛的东西，可以是人或物，也可以是某件不愿回想的事。放在人际交往中，这些"能让人产生痛感"的地方就是所谓的禁忌。每个人都有他自己的禁忌。比如对刚失恋的人来说，但凡跟"秀恩爱"有关的东西，都是讨厌和应该被打倒的玩意儿；而对失业的人来说，跟工作有关的东西则都是梦魇。

当我们与人交往，在谈及自己的情况，或是与对方交流观点的时候，千万要注意规避对方的这些"痛点"。否则，就可能出现前面所说的现象，即明明只是在发表自己的看法，所说的东西也与对方无关，却足以让对方怒发冲冠，跟我们掀桌子、闹别扭。

古语有云："祸从口出。"又云："言者无心，听者有意。"很多时候，我们说的人没有想太多，也没有什么不好的意思，就那么痛痛快快把事情说出来了，但落到旁人耳中，就会产生不一样的效果。比如，在一个月薪不到3000元的人面前，大肆宣扬"现代社会，没钱就别处对象"之类的观点，很容易令对方感到难堪，并破坏彼此的情谊。

一个有分寸的人，说话做事往往是三思而后行的，他们也许话多，但绝不会不经大脑随口即来，而是斟酌再斟酌，在确定哪些话可以说哪些话不可以说之后，才会组词成句说与人听。这样一来，虽然不一定能拉近彼此的距离，但至少不会让人产生恶感，对我们产生疏离。那么，想要做到这一步，有没有技巧呢，我们不妨参考以下几点：

1. 不谈对方不懂的话题

与人交谈时，如果一个话题对方不懂，也没有兴趣，那我们一定要缄口不言。滔滔不绝地继续说，别人只会将之视为卖弄，视作羞辱，说得越多，我们的形象就越差。

2. 不要只注重一个人而冷落了他人

在和多人交谈时，千万不要只关注一个人而冷落了其他人。最好是用一个老少咸宜的话题唤起大家的兴趣，让每个人都发表自己的意见，不要强行推销自己的一家之言。只有让所有人都有发言的权利和机会，别人才不会认为我们是在倾销我们的思想。

3. 恋人面前，不谈相关的一切事宜

如果我们的交谈对象中，有恋人或是正在热恋的人存在，那么我们最好不要谈及跟恋爱有关的一切话题。为什么这么说呢？因为如果我们谈一些恋爱中负面的东西，一来很可能勾起对方心中的"伤心往事"，进而破坏交谈的气氛；二来也容易在对方心中埋下负面的种子，等到将来对方的感情真出了问题，说不定人家心中也会将我们埋怨上。

坏事不能谈，好事也不能谈。试想一下，我们大谈特谈恋爱中的美好，如果对方在听完后与自己的情形一一对比，发现不如我们描述的那样美好，就有可能给对方的感情带来不可知的变故。搞不好，一桩本来能开花结果的姻缘就这样搞砸了。

因此，有分寸的人在恋爱者的面前，几乎不谈任何与感情有关的东西。其实，不止恋爱，在其他领域也一样。比如在正在创业的人面

前,最好不要就"创业"二字夸夸其谈;在上班族面前,就不要描绘上班的种种心酸。所谓真人面前不说假话,如果对方本身就身处这个领域,我们一提及相关话题,就很难绕开对方,自然就容易冒犯对方。

我们在说话时一定要讲究分寸,千万不要想当然地叽里呱啦,要学会鉴别与我们交谈的对象,然后尽量绕开对方的话题禁区,避开那些痛点,然后才能愉快地交流。如果不管不顾地张口即来,很容易冒犯了别人自己还不知道,平白无故损害彼此关系。

安慰别人的有效方法：说点你的悲惨事

朋友亲近的人去世了，你安慰道："不要太难过了，你应该感到高兴，他是被上帝召去天国享福了。"

朋友高考失利了，你安慰他："多大点事儿，不就一次考试嘛，打起精神，真英雄不怕一次小小的失败，大不了再考一次！"

……

这些话看上去都很有道理，动之以情，晓之以理，然而，事实是当我们真正遇到这些事情时，才会发现这些"高大上"的安慰语，并没有什么太大的作用，非但不能让被安慰的人感到好过一些，反而使对方认为我们不能理解他的感受。

一个人伤心难过的时候，并不需要我们给他建议、方法，而是想要寻求他人的一点肯定和认同罢了——这种认同带来的安慰效果，是绝大多数的安慰之语难以带来的。这个时候，如果能讲一点我们自己的悲伤经历，往往会有意想不到的效果。

李建辉刚进入职场，同事大宇的父亲去世了，他去看大宇。李建辉找了半天，才发现他独自一个人坐在后院的石墩上，盯着院子里光秃秃的苹果树发呆。李建辉走了过去，坐在另一个石墩上。本来，他准备了很多安慰人的话，现在却不知道从哪里说起，因为他从对方眼中看到了疲惫和拒绝。他知道，这会儿不管自己说什么，恐怕对方都没有心情听。

就这样，两人沉默不语，在冰冷的冬夜里坐了很久很久。最后，李建辉低声说道："你知道吗？我的爷爷在我12岁那年就去世了，我还记得，那天晚上我哭了好久。我想起小时候他天天背着我上山挖野菜……"

就这样，李建辉说着自己爷爷的事情，随着他的倾诉，大宇也不再沉默，而是跟他轻声交流起来。

当然，与人比惨也涉及一个禁区，那就是安慰的人所讲的悲伤经历必须是自己亲身经历的事情。如果贸然用别人的经历来安慰人，那么不但得不到效果，还会适得其反，让被安慰的人更加抗拒。因为在被安慰的人看来，这是典型的站着说话不腰疼。

举个例子：假如一个人的脚被磨流血了，求安慰。如果我们说出"这算什么，我今天还看到一个人坐着轮椅，他没有脚"这样的话，可以想象，那个磨破脚的人会怎么想："你是在诅咒我吗？"还有人会说"过几天就好了，这又算什么"，这是无视别人的痛苦。不管事情在我们眼中严不严重，但至少，在需要安慰的人眼里，这是一件大事情。

因此，针对这个例子，我们完全可以这样说："那好疼的，你受苦了。"又或者："我上次磨破脚几天都不想走路，你这个还流血了，简直更难受啊！"

总之，寻求安慰的人，通常想要得到的是情感上的支持，心灵上的抚慰，以及立场上的肯定与认同，我们要从心灵入手。那么，该如何安慰别人才有效果呢？

第一，不要急着向对方讲道理，当人在情绪不好的时候，讲道理没有意义，甚至还会适得其反。在这个时候，我们要做的是"感同身受"，理解"对方的感受"。换言之，先保持沉默，与对方一起"痛苦"，一起"哀伤"，这样能使对方向我们敞开心扉。

第二，要站在对方的角度，努力去了解和理解对方的内心世界，弄明白对方心里到底是怎么想的，然后对症下药，有针对性地提出话题，使对方愿意跟我们交流。这样我们才有机会打破对方的心理防御，使对方明白，这世上还是有人理解他的，愿意陪他一起难过、一起开心、一起分享人生的喜怒哀乐。这样一来，对方才能从封闭中走出来。

第三，尝试转移对方的注意力。比如我们讲述自己的悲惨往事，实际上就是利用了这个原理，通过将对方的心神转移到我们的不幸上，使其慢慢搁置、淡化、忘却自己的悲痛。时间一长，就能使对方减轻心中的痛苦，重新振作起来。除了讲惨事，我们还可以用对方难忘的事来刺激对方。总之，让对方尽量把注意力从伤痛上转移开来。

说一千道一万，安慰人在本质上是给予对方心灵上的抚慰，而要做到这一步，我们就必须先走进对方的心灵，然后才能让对方感受到我们的"善意"。

场面上，要考虑个别人的感受

一壶美酒，只要滴进去一滴污水，整壶酒就变质，不能再喝。同样，一场盛大聚会，也有可能因为一两个人的不快，最终导致不欢而散。鉴于此，在很多交际场合中，我们不但要顾及多数人的感受，更要考虑少数派的感受，不可因其"少"而掉以轻心。

举个简单例子，一场饭局上，十个人里有九个都是老乡，如果他们交谈时都说家乡的方言，并且常常冒出一些令人费解的"地方词"，那么可以想象，整个饭局下来，剩下的那个人必定会因为听不懂而被排挤在外，进而引发不满，或是让气氛尴尬。

有人说，一个人的能力有限，不可能照顾到每一个人的感受，只要做好自己就好。这句话没有错，但那只是针对个人而言的，放在大型聚会上，比如朋友间的久别重逢、十年后的同学再聚，还有工作上的应酬等场合，就不太适用了。在这种场合，我们如果不能照顾到少数派的感受，就很容易给人留下厚此薄彼的印象，甚至在无形中与人交恶。

在一次公司各部门经理的聚会上，大家都兴高采烈地说着自己本年的业绩，只有李少聪和郭圆闷闷不乐，因为在统计数据时，他们两人带领的团队是年度最差的。这会儿听着其他同事的"赫赫战功"，他们只觉得如坐针毡，只想尽快逃离这可恶的地方。

他们的不快被另一名经理祖臣雷发现了，心思通透的他一眼瞧出问题所在，他立刻开口转移话题，引导大家避开工作上的事，谈一些生活中的趣闻。在他的引导下，大家果然不再谈及工作。李少聪和郭圆两人顿时一喜，低沉的情绪也得到改善。

自那之后，李少聪和郭圆两人就对祖臣雷非常尊重，好几次，祖臣雷的部门遇到工作上的困难都是他们两人伸出援助之手，助其渡过难关。

照顾别人的感受，考虑别人的心理，是对别人的最好尊重和关心。这种深入人心的交往方式，推己及人的善解人意，也是拉近我们与别人之间距离的最好手段。在人际交往的实际案例中，能充分考虑他人感受的人，总是更加具有优势，也更能收获友谊。

在一些大型社交场合中，很多人受到"多数原则"的影响，认为只需要关注大多数人的感受，而忽视少数人的诉求，对他们的心理变化不闻不问。殊不知，少了一颗铁钉，有可能会损失一匹战马，影响一场战争，进而灭亡一个国家。同样，忽视"少数人"的感受，也可能毁掉整场聚会，彻底破坏我们辛辛苦苦建立起来的人格形象。

所谓有分寸，就是懂得具体问题具体分析，在较大的社交场合中，他们会顾及每一个人的感受，哪怕对象只是"少数派"。这与人们口中"让每个人都满意"是不同的，它不需要我们费脑子去记下每个人的喜好，也不用我们费尽心思讨好。事实上，我们只需要多一点耐心，多一点观察，自然能够留意到他们的神情变化，然后给予关怀。

试想一下，一群人去饭店吃饭，点菜时，负责点菜的人如果能主动问一句"大家谁有忌口的吗？待会儿我注意一下"，是不是比什么也不问来得强？而且，这样做还能提前规避一些可能出现的误会，避免一场好好的聚餐，因为各种原因而冷清收场。

也许有人会觉得，这种照顾每一个人的做法很虚伪，也很不自量力。但实际上，这是一种高素质、有修养、心胸豁达的体现，同时也是一个人行走社会，与人交往、待人处事必备的能力。生活中，不乏这样的例子，即因为忽视少数人的感受，结果导致一场好好的朋友聚会、闲话家常，最后弄得矛盾丛生，大家不得不扫兴离场，可谓遗憾。

比如一对夫妻新婚，亲朋好友闹洞房，由于"闹"的尺度过大，加之大家又以"习俗"为借口，无视一对新人的抗议，我行我素。结果新郎当场发飙，拿起扫把驱赶众人。最后，好好一场喜事硬是被搅得一地鸡毛，让这对新人气愤不已。

总而言之，考虑他人的感受，将心比心，推己及人，是我们拉近与陌生人关系的有效手段，也是我们维护友谊、纵横社交场的有力武器。而有分寸的人则懂得把控全场，尽量顾及每一个人的感受。

别人不愿做的事情，不要勉强

几千年前，孔子就告诉我们，"己所不欲，勿施于人"。学会尊重他人，自己不愿做的事不要强加于人，这不仅是一种礼貌和对他人的尊重，更是维持彼此情谊的重要条件。

然而，生活中有很多人在与他人相处时，往往做事没有分寸，不顾及他人的感受，将自己的意志强加到他人身上，从而让彼此的关系变得尴尬。

美国前总统罗斯福在担任海军助理部长的时候，有一天，他的一位好友来访。谈话间朋友说："听说美军在某岛建有基地，这件事情是真的吗？"

这位朋友要打听的事属于国家机密，是不便公开的。只见罗斯福说道："你能对不便外传的事情保密吗？"

"能。"朋友急切地回答道。

"那么，"罗斯福微笑着说，"我也能。"

生活中，与人交往的关键，在于相互理解，相互支持。将外在的意志强加给别人，只会带来不解和抵触情绪。每个人都有他独立的思想，难道他就应该笨，难道他就应该做我们不想做的事？也许有人会说，领导教手下办事，哪来这么些规矩。可很多领导恰恰就因为这些细节，使原本踏实卖力的老员工一个个离去。

己所不欲，强施于人，即使是无知的人也知道反抗，更何况我们身边并没有那么多无知的人任我们欺负。一个人强势久了，身边的人就会离开他，孤立他，这个时候，只怕你也只能"对镜空梳妆，闺阁无人问"了。

一个人如果爱面子，那就别伤了别人的面子；如果想要获得尊重，就必须尊重别人。说到底，敬人者人恒敬之，辱人者人恒辱之。我们怎么对待别人，别人就会怎么对待我们。

还有人喜欢用自己的喜好去衡量别人，想当然地认为，自己喜欢的事情别人一定也喜欢，然后以此作为标准去要求别人的言行。一旦别人不按照他的预想做事，他还会生气，还会抱怨"你这人怎么这样呢""凭什么你不按照我说的做"……

有一天，某文学青年拜访一位作家。因为他自己喜欢喝茶，而且周围喜欢文学的朋友都有喝茶的习惯，这位年轻人就特地买了上等的西湖龙井准备送给这位作家。

一进门，年轻人就满脸堆笑，将茶递给作家。作家客气一番，随手把茶放在茶几上。年轻人见作家对这么好的茶都没有表示，就主动拿起茶，说："我想您老一定喜欢喝茶，所以就从杭州带来了这种特级龙井茶。这种茶和普通的茶很不一样，它很讲究……"还没等作家开口，年轻人就开始长篇大论地谈论起品茶的心得。

该青年本以为，自己的一番陈述会引起作家的共鸣，得到作家的认同，没想到等他好不容易说完后，作家却淡淡一笑，说道："真不好意思啊，我不太爱喝茶，所以对茶叶没有什么研究，你刚才说的那些我都不了解，惭愧，惭愧。"

年轻人一听，傻眼了，自己不但没有赢得作家的好感，而且还在对方不懂的领域大谈特谈，肆意显摆，弄得双方都相当尴尬。通过这次经历，年轻人这才知道并不是自己喜欢的事情，所有人都会喜欢，投其所好却做不到点上，就会适得其反。

每一个人都是独立的，有自己的思想和人格，谁也不能代替他做出决定。如果一味强迫他做出改变，听从我们的吩咐或命令，最终只能引起他的抗议，这对于人际交往来说，是不能触碰的禁忌。

生活中，不乏这种以自我为中心的人，他们总是用自己的想法去要求别人，将自己的感情、意志、特性投射到他人身上，并强加于他人，最终可能只是适得其反。

与人交往，其实关键就在于将心比心，讲究的就是人与人之间相处的分寸，"己所不欲，勿施于人"说的正是这个道理。如果我们能够知晓这个分寸，并且懂得不要随意按照自己的主观臆想去办事，并强加于人，那么，我们就一定能与对方建立长期友好的关系，而且巧妙、迅速化解彼此之间的误会，消除隔阂。正所谓：相互理解和支持，才是保持友谊的方法。

换位思考，设身处地替别人着想

所谓换位思考，指的就是设身处地为他人着想，想人之所想。相互理解和信任，这是人与人之间交往的基础，也是建立和维持各种友谊与情感的基础。没人喜欢被强迫，换位思考，思他所思，看他所看，这才是拉近我们彼此距离的唯一方法。

戴尔·卡耐基每个季度都要在美国纽约的一家大旅馆租用大礼堂20个晚上，来讲授社交训练的课程。但有一个季度，他才刚开始授课，旅馆经理就提出让他必须付比原来多三倍的租金。而这个时候，开课的所有事宜都已办妥了，怎么办，取消吗？

卡耐基在两天以后找到旅馆经理，他首先对旅馆经理提高租金的做法表示理解，然后帮他分析了这样做的利弊。他说："有利的一面：大礼堂不出租给讲课的而是出租给举办舞会的，那你可以获大利了。因为举办舞会的时间不会很长，他们承担得起短期的很高的租金。租给我，显然你吃大亏了。但这对你也有不利的一面：首先，你增加我的租金，却是降低了收入。因为实际上等于你把我赶跑了，因为我付不起你所要的租金，不得不另外找地方。还有一件对你不利的事是：我这个训练班会吸引很多有文化的中层管理人员到你的旅馆来听课，他们其实是起了不花钱的活广告的作用。请仔细考虑后再答复我。"讲完卡耐基就告辞了。最终，那位经理把价格调回了原来的水平。

有分寸的人，往往站在对方的角度思考对方真正需要什么。说服对方的一种简单的做法，就是和对方交换所处的位置，让对方站在我们所处的立场说话，然后从谈话中发掘对自己有利的话。

每个人都需要站在他人的角度看问题，只有这样才能真正了解他人的所思所想，这对我们的人际交往能起到事半功倍的作用。所以，无论对朋友、顾客，还是领导同事，我们都要多一分理解，这样你就会赢得别人的信赖，从而就能更好地说服别人了。

苏轼有首诗是这么说的："横看成岭侧成峰，远近高低各不同。不识庐山真面目，只缘身在此山中。"简单地说，一个人待在山里，视野受限，角度受限，以致他看不到大山的真正面目，若能跳出大山，从不同方位去看，就会发现大山的各种不同姿态。

换位思考，其实也是这样一个道理，可以帮助我们跳出自己的视角，用更立体真实的方式去观察这个世界。也就是说，换位思考，不仅是帮助我们打开人际关系大门的手段，更是我们深入了解世界、提升自己，进而更适应社会的一种方法。

有一个畅销书作家独自一个人在路上骑自行车。由于她的骑行水平不算很高，在进入郊区一片林荫道的时候，由于路面起伏不平，又很狭窄，导致她骑得非常小心。

就在这个时候，对面出现了一个人，同样骑着自行车，而且看对方的样子，也是水平一般的那种。只见他双手紧紧握住车把，歪歪斜斜地骑来。

怎么办？路这么窄，要想错身而过，非常考验技术，可若是刹车，速度太快刹不住。最后，她只得拼一把，急得大喊："你向左，我向右。"

对面那人一听，也高兴地回道："好的！"

结果可想而知，两人最后完美地撞在了一起。事后，她十分后怕地感慨道："我怎么这么笨？相向而行，一左一右不就刚好碰一起了吗？不懂换位思考啊。"

不懂得换位思考，我们眼睛里所看到的东西，就永远都是片面的、不完整的。不管是做学问，还是与人交往，视野受限，思维受限，通常都不太可能取得大的成就。尤其是与人交往，不站在对方的角度看问题，我们就很难理解别人的心情与感受，自然也就无法引起情感共鸣，让对方对我们敞开心扉。换位思考，是打开一个人心灵的钥匙。

心理学上有个名词，叫"同理心"，也就是说能将心比心、设身处地为人着想，感同身受地理解及体会对方的处境与感受，并适度地回应其需要。具有同理心的人往往能从细微处体察到别人的需要。"同理心"用我们通常的话来说也就是换位思考。

总而言之，换位思考是我们理解他人的基础，面对可能出现的矛盾与冲突，我们不妨把自己想象成对方，学会站在对方的角度、立场以及处境去观察与思考问题。一个有分寸的人，通常能通过换位思考，深入对方的心灵世界，让彼此建立牢固的关系。

别唱独角戏，让大家都有表现的机会

每个人都想做主角，都想让自己站在镁光灯下接受他人的赞美和目光。为此，有的人不惜在人前卖弄，在一切有人的地方与人"死说烂道"，竭尽所能地口若悬河。但凡有他们在场的地方，人们总能听到他们的喋喋不休，他们以为自己是社交中心。

其实，人们讨厌的是废话连篇的人。没人喜欢傻站着看别人表演而自己只能充当"看客"，谁都有一颗"主角"的心。正如林语堂所说："绅士的演讲，应当像女士的裙子，越短越好。"与人交往，给别人一点表现的机会，才能有第二回合的交流。

有一次，公司组织大家去公园玩。本来玩得挺开心，可就在大家合影留念的时候，小肖直接抢占了最露脸的位置，一下子抢去大部分镜头。

小肖不知道她的行为已经让大家很不爽了，还兴奋地大叫道："你们都靠过来一点，别跑到镜头外面去了。经理，你也靠过来一点嘛。"经理闷闷地回了一句："哎呀，我觉得你这么漂亮，随便站在哪儿都能拍得很美，不用我'衬托'了吧？"小肖一听，满脸尴尬。

生活中，我们身边常常有这样的人，明明他们工作做得很好，各方面能力也很强，却得不到大家的认同，甚至没人愿意接近他们，为什么会这样？其实就是他们过于"抢眼"，抢占了别人的表现机会和生存空间。

正所谓"树大招风"，如果只唱"独角戏"，往往会招人嫉妒，乃至憎恨。不给别人表现的机会，无异于给自己树敌，最终也只会让自己"众叛亲离"。

诚然，我们每个人都希望得到别人的肯定。但是，当我们表现得过分出众时，就会无形中给对方造成压迫感。如果我们再显露哪怕一点点的优越感，那么别人的排斥心理也就因此而产生了，甚至还会对我们产生敌视情绪。因此，对于取得的成就我们要轻描淡写，要表现得谦和一些，要给别人多一些表现机会。只有这样，我们才会受到大家的欢迎。

因此，在社交场合中，我们不妨学着点"藏锋露拙"，可能这样对我们的工作有更大的帮助。很多时候，那些好为人师，总想让别人知道自己很有能力，而且借助各种机会疯狂地展示自己有多么优秀的人，往往适得其反，引来别人的嫉恨与疏离。

此外，还有一些人本身没有显摆的意思，但由于害怕别人看不到自己的好，于是拼命地努力，想要做好每一件事，以求表现得完美。但这样的面面俱到，未必会得到别人的认可。如果我们只是表现自己的"美"和"好"，而忽略了挖掘别人的"美"和"好"，甚至在自己擅长的领域丝毫不给对方表现的机会，时间长了，关系就会失衡。

而且，从另一方面来说，越是抢着表现自己，出错的概率也就越大。美国前总统小布什就是一个"话多"的人，有人评价他是历届美国总统中发言最多、演讲最多、演讲时间也最长的总统。与此同时，他的"口误"也是最多的，甚至被汇编成册。

刚当上总统的小布什，就反恐问题发表演讲。本来，演讲稿事先备好，他只需安心读完就行，奈何讲到中途，他突然情绪激动，在强调政府的反恐决心时，语速快得像机枪一样。他说："我们的敌人变换手法，随机应变，我们也一样。"他接着说："他们从不停止考虑危害我们国家和人民的新途径，我们也一样。"

当然，他很快就反应过来自己说错了，但他这"精妙"的一语，还是被现场媒体记录下来，并传遍全世界，成为他众多"金句"中的一句。

可见，话不是说得越多就越好，说得多，错的概率就大。墨子说过："青蛙、蛤蟆整天不停地叫，叫得口干舌燥也没人注意到它们的存在；公鸡每天按时啼叫，一啼叫人们就知道是天亮了。可见话说多了并没有好处，只要说得是时候就行了。"

说话如此，为人处世也是一样的道理。总之，多给别人机会，才能得到大家的支持。当自己需要帮助的时候，别人也才会愿意伸出援手。善于给别人机会的人，往往能赢回更多的机会。反之，只顾着表现自己的人，通常只会让自己在交往中处处碰壁。

古希腊有句民谚："多给别人一些表现的机会，就是给自己多预留一条路子走。"有分寸的人懂得适时退居台后，把表现的机会让给别人。因为他们明白,一个人独占所有机会,最终只会赢回更多的敌人,只有秉承"有钱大家一起赚"的原则,才能广交朋友。

总之,给别人表现的机会,就是在给别人发展的空间,同时也是在给自己创造更大的发展空间。须知,有时学会做一个最佳的配角,我们才能永远地留在舞台上。

别无所顾忌地在失意的人面前炫耀

不少人喜欢向身边的人炫耀自己的优越条件，比如住大房子、开大车子，以为这样就能得到别人的敬佩和欣赏，完全不顾及别人的感受，甚至没有想过，对面的听者可能正处于人生低谷。事实上，很少有人愿意听你的得意之事，自我炫耀的效果往往适得其反。

一场毕业20年后的中学同学聚会上，参加聚会的人泾渭分明地分成两班人马，一班人兴奋异常，争先恐后地说着自己这20年所取得的成就：房子、车子、孩子……另一班人却是相对安静，要么专心吃菜，要么三三两两地小声交谈。仔细地听他们交谈的内容，很少有人提及事业相关的事情。显然，与那些相对成功的同学相比，这些人目前暂时处在不好的境况。因此，他们极力避免参与到另一班人的交流中去。

娄超正是其中的一员。他最近刚刚离开了原先的公司，处于待业状态，所以他很讨厌那些借着这次同学聚会"炫耀"的人。本来嘛，同学聚会就是老同学相聚在一起高兴的事儿，被他们一弄，整个气氛搞得乌烟瘴气，没有半分愉悦可言。

最后，没有等到这次聚会结束，他便和另外一些境遇差不多的同学提前离开。大家另外找了个地方，彼此聊聊接下来的打算。大家都觉得这比之前的聚会好多了。

失意的人是脆弱的，他们最需要安慰，一些大大咧咧的人感受不到这种沮丧，大谈特谈自己的得意事，这种没分寸的表现无疑是在对方的伤口上撒盐。小沈阳在小品里说："什么叫善良？别人的墙要倒了，我们没有能力去扶，但是我们不推就是善良。"

本来失意的人就处于失望和伤心的状态，和他们谈得意的事，就会有故意炫耀的嫌疑，这很让人讨厌，对方的心情也会更加失落，还可能对我们反感，认为我们故意在他们面前说这些话，影响了彼此的关系。

我们要懂得用"善"去照顾别人的心情，说话时考虑别人的感受。面对失意的朋友，一定要注意自己的言谈举止，不要让他们产生一种"我现在不如你们混得好"的失落感。因为我们的一举一动都可能引起他们的自卑感，这样会使我们失去更多的朋友。

刘墉在《萤窗小语》里写道："失意人前勿谈得意事，免得予人伤害。"因为那只可能加重对方的落寞感，所以即使万事顺心，也要故意说些辛苦处给朋友听。有人也曾经说过："不要在一个不打高尔夫球的人面前，谈论有关高尔夫球的话题。"失意的人总是最敏感的，所以当我们说话时，不管说的是什么内容，都要注意别让他们产生自己被比下去的感觉。

这不是刻意讨好，只是对他人的尊重。没有谁能永远一帆风顺，试想一下，当我们自己遭遇失意的时候，如果其他的人在自己面前肆意宣扬他的成功，想必我们也会很不爽。你可以成功，我也为你祝福，但你不必在我面前炫耀，不是吗？

因此，与人交往时，我们尤其要注意自己的言行，同时还要关注我们的交往对象，看看对方是处在失意的状态，还是得意的状态，如果是失意之人，我们就不要过多地宣扬自己的成绩。通过对比别人的失败来彰显自己"辉煌"的人，往往四面树敌。

此外，即使是与正处在得意期的人相处，我们也应该低调一点。毕竟，妒忌之心，人皆有之，哪怕对方混得很好，但如果我们把对方比下去了，或者让对方产生了"我不如他们混得好"的想法，同样会引起对方的敌意。

举个例子，有很多人在朋友圈里晒幸福：今天去哪国旅游了，明天要去哪个世界级风景旅游区……这样的"炫耀"在起初还能赢得伙伴的点赞和羡慕，但如果天天发这些东西，我们就会发现点赞的人越来越少，拉黑自己的人倒是越来越多。

可见，不管一个人是得意还是失意，只要有人比他强，并且天天在他面前晃悠，向他传递比他成功的信息，时间一长他难免心理失衡。所以在面对失意的人时，我们更是要小心再小心。那么，与失意的人相处，有哪些相处之道呢？

1. 利用同理心：其实我也跟你一样

在失意的人面前，我们可以这样说："这件事你不用放在心上，如果是我的话也会做得很糟糕。""我要是做同样的事情，可能都没有你做得好。""我上星期也把事情搞砸了。"……通过这样的措辞，使其产生"同是天涯沦落人"的想法，这样就会拉近彼此之间的距离。

如此一来，哪怕对方知道我们是在安慰他，心里也会好受些。

2. 沉默是金：不说比说好

很多时候，失意的人需要的不是一堆高大上的安慰语，而是能有一个坚定地站在他这一边的人，能够支持他、陪伴他，用行动告诉他"别担心，天塌了我们一起扛"。换言之，与失意的人相处，安安静静地陪着对方，比什么言语安慰都走心。

总而言之，无论任何时候，都不要炫耀我们的得意，特别是在失意者面前，应尽量保持一颗平常心，对失意者多点同情和理解，说话时随时考虑到对方的感受。

祸从口出

话到嘴边留三分

不要在失意者面前谈论你的得意，即便你说者无心，也难免听者有意。他会认为你是在自我夸耀，无视他的存在或挖苦他的失败。

交浅切忌言深

现实生活中，一些人为了显示自己的热情和诚恳，对初识不久的人吐露心声，这实在是人际交往的大忌。孔子曾说："不得其人而言，谓之失言。"所以，如果交情还比较浅，彼此还没有达到互相了解的程度，那就没有必要说得太多。

刘雷是一家公司的业务员，在一次聚会上，与另一家公司的业务员相遇，两人很投缘，话也越说越投机。刘雷把对方当成了自己的贴心朋友，结果在酒酣耳热之后，把自己公司将要开展的业务计划说了出来。一个月后，当刘雷的公司把新的业务计划投入实际运作时，却被客户告知别的公司已经在做了，并签了合同。

刘雷泄密的事很快就被老板知道了。老板虽然没有将他辞退，但是从此不再重用他，刘雷也就失去了在公司进一步提升的可能性。然而，让刘雷不明白的是，自己曾经把那个业务员当成朋友，为什么对方反而害了自己。

萍水相逢，却一见如故，的确是人生中的一大幸事，彼此道尽肺腑之言，知心相待。这固然很好，但人世中何处去寻找如此多的一见如故的朋友呢？茫茫人海，一面之交者却是大多数，怎可将满腹的想法与之倾吐？并不是每个人都有可能与你一见如故，初次见面，感觉彼此不讨厌，当然可以浅交，但不要因为别人的一句"一见如故"就欣喜若狂，真像见到久别重逢的故交一样推心置腹。有时，你的坦诚相待、真心相对可能会被别人利用，这样的"一见如故"最好敬而远之。

因此，当生活中听到"一见如故"这样的话时，首先要想想自己有没有因此而兴奋、感动？如果有，那么就赶快冷静下来，以免自作多情而遭遇别有企图的人。

古人云："交浅而言深者，愚也。"对于刚结识的朋友，千万不要急于把他当成自己的知交好友，什么话都对他说，这可是交友的大忌。

所谓"逢人只说三分话"，这里面的"三分话"，还不包括那些关键的、重要的话，那些关键和重要的话是一句都说不得的。那说什么呢？可以是一些风花雪月，也可以是柴米油盐；可以是天上地下，也可以是山海奇观……总而言之，最后都是很有趣味却又无关紧要的内容，这些话题谈起来时，虽然头头是道，兴味淋漓，皆大欢喜，其实是言之无物，聊完了也就算了。

总之，为人处世也好，身在江湖也好，一定要谨慎，要管好自己的嘴巴，不该说的话千万别乱说。朋友之间相处，话也不可露尽，于人于己都有好处。

停止争辩才能事得圆满

林肯曾经说:"一个成大事的人,不能处处计较别人,把时间浪费在与人争论上。无谓的争论不仅会损害自己的性情,还会让自己一步步丧失自制力。在尽可能的情况下,不妨对别人宽容点,与其和一只疯狗同行,不如让疯狗先走一步。如果不幸被狗咬上一口,即使你把这只狗打死,也治不好自己的伤口。"

生活中,任何有所成就的人,从不在与人争执中耗费时间,因为他知道争强好辩根本无法消除误解,只有靠包容和同情才能获得信任,才能真正解决问题。正如富兰克林所说:"如果你总是抬杠和反驳,也许你偶尔会获胜,但那是没有意义的胜利,因为你永远得不到别人的好感。"你在争论中可能占了上风,但要改变别人的看法,那是不可能的。

美国前总统罗斯福对于他的反对派,往往会和颜悦色地说:"亲爱的朋友,妙哉妙哉,你到这里来和我争执这个问题,真是一个妙人!但在这一点上,我们两个的见解自然不同,让我们来谈一些其他的话题吧!"这样一来,对方也没有办法,只好放弃自己的意见接受他的观点。

无论那些成功的人士采用什么方式去驾驭和说服别人，他们所采取的第一步，往往都是"避免争论"，基本上是以"迎合别人的意志"及"免除反对意见"来感动他人。

约翰逊与一位政府稽查员因为一笔一万美元的账单争辩了一个小时之久。约翰逊声称这笔款项确实是一笔死账，永远收不回来，当然不应该纳税。

"死账，胡说！"稽查员反对道，"那也必须纳税。"

看着稽查员冷淡、傲慢而且固执的态度，约翰逊意识到争辩得越久越激烈，可能会使这位稽查员变得更加顽固，于是他决定停止争论，转换话题，给对方一些赞赏。

于是，约翰逊真诚地对那个稽查员说："我想这件事情与你必须做出的决定相比，应该算是一件很小的事情。我也曾经研究过税收的问题，但我只是从书本中得到了知识，而你是从工作经验中得到的。我有时愿意从事像你这样的工作，这种工作可以教会我很多书本上学不到的东西。"

听了约翰逊的话，那位稽查员从椅子上挺起身来，讲了很多关于自己工作的话题，声调也渐渐地变为友善。片刻之后，他又讲起他的孩子来。当他走的时候，他告诉约翰逊，他要再考虑那个问题，并在几天之内给他答复。三天之后，那位稽查员到约翰逊的办公室里告诉他，他已经决定按照所填报的税目办理。

从这个故事中我们不难看出，约翰逊之所以能够如愿以偿，就是因为他主动放弃了争论。所以，不管是在生活中，还是在工作中，当你碰到任何一种反对意见，你应当先思考一下："关于这一点，我能不能在无关大局的范畴中让步呢？"其实，为了使对方接受你的意见，不妨尽量表示"让步"。有时，为了避免这种反对，甚至还可以将你的意见暂时收回。如果你碰到了对于你的意见十分反对的人，那么最聪明的方法还是把这问题暂缓一下，不必立刻求得解决。这样，一方面，可以使对方得到重新考虑的机会；另一方面，让你自己也有重新决策的机会。

当你遇见喜欢争论的人，你要做的就是让你的反对者有说话的机会。让他们把话说完，不要急于争辩。在听完了反对者的话以后，首先去想你同意的意见。但是，在这个时候，还是不要相信你的直觉。当有人提出不同意见的时候，你自然的反应是自卫。你要慎重，保持冷静，并且小心你的直觉反应，这个时候控制自己的脾气显得尤为重要。要认真地考虑反对者的意见，因为你的反对者提出的意见可能是对的。如果真是那样，那么同意他们的意见是比较明智的做法。

有分寸的人向来不会与别人进行无谓的争辩，而那些喜欢争论的人，往往没什么分寸。避免跟人争论最聪明的方法，就是同意对方的主张，不管他的意见是如何可笑、愚笨、浅薄，你都不妨先赞成他的意见，然后再找机会说出你的见解。

所谓"忍一时风平浪静，退一步海阔天空"，这是自古皆知的道理，但能做到的人少之又少。所以，如何能在执着的当口忍一口气，是懂得分寸的人经常做的事。如果实在忍不住，不妨闭上眼，做几个深呼吸，慢慢地，心情也就平静下来了。

凡事据理力争，又能换来什么呢？一时的忍耐不代表你逆来顺受。凡事总有个过程，时间可以证明一切，所以根本不用去做无谓的争辩，不如省点精力，去做更有意义的事。

有分寸的人向来不会与别人进行无谓的争辩，而那些喜欢争论的人，也没什么边界感。

没有调查,就没有发言权

"没有调查,就没有发言权",意思是说,调查十分重要,只有经过调查研究才能有科学依据,才能做出正确的、合理的决策。

不仅是现代人,古人对于调查也十分重视,比如大圣人孔子就是一个注重先调查再说话的人,即使是对自己熟悉的领域,也不例外。

《论语》讲过这样一个故事:

孔子很精通礼乐,鲁国的国君举行祭祖典礼时邀请孔子参加。孔子很快就来到了太庙。但是,他一进入太庙之后,就不断向别人询问,而且几乎把每件事都问到了。于是,有人便在背后嘲笑他,说他不懂礼仪,什么都要问。后来,学生把别人嘲笑孔子的那些话告诉孔子,孔子听后,微笑着说:"对于不懂的事,要问个明白,这不就是礼的表现吗?"

从这个故事中,我们不难看出孔子虽然拥有很高深的学问,但是从来不摆架子,而且十分谦虚,遇到不懂的事总是要问个明白,这不但是知礼的表现,更是注重调查的表现。孔子就是一个很有分寸的人,因为他知道,对于自己很在行的事,多问几遍并没有害处,而且

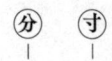

还可以做到确保万无一失。反之,如果不懂装懂,导致出了差错,那丢的脸可就大了。所以,孔子才会告诫自己的弟子:"知之为知之,不知为不知,是知也。"

在现实生活中,有很多人在没有调查也没有研究的情况下,只凭着一些表面现象和一些细枝末节,就指手画脚,瞎说一顿。这样一来,与井底之蛙又有什么差别呢?

考古学家黄展岳在南京师范大学的一次演讲中,讲过自己的一个经历,他说:"20多年前,我曾到洛阳旅游,当看到龙门石窟造像被破坏的惨状,不免心中升起一种愤怒的情绪,以为是人为的。

"后来,我在偶然间读到日本学者桑原骘藏的《考史游记》,书中在述及龙门石窟时,有如下记述:'龙门两岸,石质脆弱,易于开凿。只可惜,保护方法不完善,由于天然或是人为的原因,大小佛像遭损坏,或碎首,或损躯,或欠手,或剥耳,完好者实属鲜见。'

"桑原骘藏考察龙门石窟的时间是1907年,由此可知,早在20世纪初,龙门石窟的破坏程度就已经相当严重,'完好者实属鲜见'。可见,想当然地把龙门石窟遭到破坏的责任都归于人为,显然不符合事实。所以,对待过去的历史——哪怕是离我们最近的历史,如果不重视现实,不进行谨慎的调查就匆忙下结论,往往是会出错误的。同学们,我希望无论是考古还是为人处世,你们都能做到谨言慎行,不对未经研究的事情乱发评价。"

很多人也难免有这种不经过调查就乱发言,或者人云亦云的毛病。而黄展岳先生最令人佩服的地方，则是善于反省自己，并在认识到自己的错误之后及时改过。

《论语》中还记载了这样一个细节：

子张向孔子请教如何谋取官职俸禄，孔子这样回答："要多听，说话时，对于有怀疑的地方要先保留不说，对于所知道的，也要谨慎地说出来，这样就可以少犯错误；要多看，做事情时，对于有怀疑的地方先不做，对于有把握的事，也要谨慎地去做，就能减少后悔。说话少过失，做事少后悔，官职俸禄的道理就包含在这里面了。"

的确是这样，不管说什么话做什么事，在没有调查清楚之前，有所保留是应该的；即使已经很有把握，也要谨慎地去做，那么就可以确保万无一失了。

少一分抱怨，多一分机会

在工作和生活中，即使心中有再大的怨恨，也不要随意说出来，因为说出的话就像是泼出去的水，是永远也收不回来的。而所有的怨言，除了给自己制造更多的麻烦，并没有任何的好处。更为重要的是，抱怨越多，机会也就越少。

隋朝著名将领贺若弼，出身于将门之家，他的父亲贺若敦是北周将领，以武猛而闻名。后来，贺若敦因口出怨言，为北周晋王宇文护所不容，逼令他自杀。临死前，贺若敦嘱咐贺若弼说："吾必欲平江南，然此心不果，汝当成吾志。且吾以舌死，汝不可不思。"并用锥子把贺若弼的舌头刺出血，以此来告诫他说话要小心。

然而，贺若弼并没有把父亲的告诫放在心上。灭陈之后，贺若弼自以为自己的功劳在群臣之上，常以宰相自许。后来，隋文帝封赏杨素为右仆射，贺若弼仍为将军，贺若弼因此心中不平，并且怨言颇多。后来，御史大夫以此弹劾贺若弼，贺若弼因此被罢官下狱。

隋文帝责问他："我以高颎、杨素为宰相，你常发狂言，说这二人不过是饭桶，你是什么意思？"

贺若弼回答说："高颎是我的故交，杨素是我的大舅子，我知道他们的为人和才干，才会这么说。"

然而，公卿们都认为贺若弼怨愤过重，奏请处以死刑。隋文帝犹豫数日，念他有功劳，于是免他一死，将他贬为平民。后来，贺若弼虽然被恢复官位，但隋文帝仍然不喜欢他的为人，所以一直没有重用他。

当时，杨广还在做太子，他曾经问贺若弼："杨素、韩擒虎、史万岁三人，都号称良将，他们谁更强一些呢？"

贺若弼说："杨素是猛将，不是谋将；韩擒虎是斗将，不是领将；史万岁是骑将，不是大将。"

杨广又问："那么谁才是真正的良将呢？"

贺若弼回答说："唯殿下所择。"言下之意，只有他贺若弼才是良将。杨广听了，只是笑着把话题扯开。

后来，杨广继位为帝，贺若弼再次被疏远。有一次，贺若弼跟隋炀帝北巡至榆林。杨广命人制造一座可容纳数千人的大帐篷，以招待突厥启民可汗及其部众。贺若弼认为太奢侈，便与高颎、宇文弼等人私下议论，结果被人告发。杨广于是以诽谤朝政之罪将贺若弼、高颎和宇文弼一起杀掉了。

在这个故事中，贺若弼因觉得自己的功劳很大，却没有得到与之相匹配的职位，于是心怀抱怨，这本来是人之常情，无可厚非。然而，如果把心中的抱怨说出来，就会造成对别人的伤害，同时为自己的上司所不容，这样必然就会给自己带来灾祸了。

有一个又丑又笨的男人，穷困潦倒地过了半辈子，觉得自己活得太失败了。但他认为这不是他自己造成的，而是命运对自己的不公，于是整天牢骚满腹，不是抱怨这个就是埋怨那个。但这些牢骚和埋怨对他一点好处都没有，他仍然活得很狼狈，人们依旧冷落和嘲笑他。

有一天，他终于决定到深山里去找一位智者，让智者为他指点迷津。他一见到智者，就把自己这些年所受到的冷落、嘲笑、伤害和误解向智者哭诉了一通。

智者听完他的话后，安慰他："听了你的故事，我觉得命运对你确实太不公平了。"

丑男人听智者这样说，觉得很欣慰，顿时有了一种遇到知音的感觉。但他还没有来得及高兴，智者又淡淡地说："不过，我更觉得，真正对你最不公平的还是你自己。"

"为什么？"他迷茫地看着智者。

"别人冷落你一次，你就冷落自己无数次。"智者说。

"什么意思？我越听越不明白你在说什么了。"他十分迷惑。

"你自己想一想吧，到底是谁整天到晚说你丑、说你笨呢？又是谁整天不是抱怨东，就是埋怨西呢？不是别人，恰恰是你自己呀！还有，你说自己穷，自己很失败，又是谁让你穷的？谁让你失败的？你尝试过改变这种现状吗？你努力过了吗？如果你不冷落自己、嘲笑自己、伤害自己和误解自己，那么别人对你又有什么办法呢？"

听了智者的这番话，丑男人顿时醒悟过来，他向智者深深地鞠了一躬，然后默默地下山去了。

其实，老天爷对我们每个人都是公平的，不管是对谁，老天爷每天都只给他24个小时，不多一分，也不少一秒。但如何对这些时间进行安排，就是我们自己的事了。有这样一个著名的"三八理论"：八小时睡觉，八小时工作，八小时自由安排时间。前两个"八小时"对于每个人都可以一样，关键在于剩下的这八个小时，你要怎样去安排。不要小看这些业余时间，它完全可以决定你的命运。

要知道，我们在拥有生命的同时，也拥有了认识自己、发现自己、热爱自己、赞美自己、鼓励自己、挖掘自己的权利。所以，我们千万不要放弃这些神圣不可侵犯的权利。只有这样，我们才能在不断地反躬自省中真正地认识自己、完善自己。

很多时候，我们就是在不断抱怨、不断发牢骚中错过了本该属于自己的机会。所以，让我们从现在开始停止抱怨吧！只有我们停止了抱怨，停止了发牢骚，才能抓住随时可能出现的机会。

实话实说也要看场合

实话实说是现代社会一直提倡的,而一个说实话的人,也会受到更多的欢迎。然而,如果不分场合,也不看对象,只知道直言不讳,让别人下不了台,那就显得太没有分寸了。

从前,有一个人爱说大实话,不管什么事情他都照实说,所以他到哪儿都被人赶走,无处栖身。

最后,他来到一处收容所,指望能被收容。收容所院长见过他且问明原因后,认为应该尊重"热爱真理,喜欢说实话的人"。于是,让他在收容所安顿下来。

收容所里有几头已经不中用的牲口,院长想把它们卖掉,可是他不敢派手下的人到集市去,怕他们把卖牲口的钱私藏腰包。于是,他就叫这个只说实话的人去卖。这人到了集市,在买主面前只讲实话,说:"尾巴断了的这头驴很懒,喜欢躺在稀泥里。有一次,长工们想把它从泥里拽起来,一用劲,拽断了尾巴。这头秃驴特别犟,一步路也不想走,他们就抽它,因为抽得太多,所以毛秃了。这头骡子呢,是又老又瘸。如果干得了活儿,院长又怎么会把它们卖掉呢,您说是吧?"很明显,买主们听了这些话都摇摇头走了。

到了晚上,这人只好又把牲口赶回收容所。听完这人讲述卖牲口的过程后,收容所院长火冒三丈,说:"你如果能把它们卖掉,那简直是母鸡打鸣了!你这样的人无处栖身是对的,我虽然喜欢实话,可是,我却会分场合!所以,老兄,你走吧,你爱上哪儿就上哪儿去!"

就这样,这人又从收容所里被赶走了。

有一首歌这样唱道:"故事里的事,说是就是,不是也是;故事里的事,说不是就不是,是也不是。"所谓的真话与假话不能仅凭一张嘴就去定论,你所认为的真话不一定就是真话,它有可能是恶毒的话,也有可能是惹人嫌恶的话,更有可能是别人耳中的假话。

所以,与其纠结说话的真假,不如多思考语境的合适与否。国学大师季羡林曾经说过:"假话全不讲,真话不全讲。"的确是这样。做人的原则应该是不讲假话,但也不是把所有的真话都说出来,而是要有选择、有目的地说话。这并非不诚实,也不是狡猾,而是说话的一种技巧。

有道是"言为心声",但话有真话、假话;善意的话、恶意的话;聪明的话、愚蠢的话;负责任的话、不负责任的话;含义不清的话。有人讲了真话,却招惹祸端;有的人说了假话,却走大运。所以,坦率真诚、快人快语、言无不尽虽然没有错,但是人心险恶,你的坦诚可能会被有心人利用,这样就会给你造成伤害,这是不得不防范的。

　　人生如棋，莫让实话实说的性子使自己成为被围住的"死子"，所以懂得分寸的人要学会掌握说话的技巧，这样才能让自己越走越顺。

直话说不通，不妨绕着说

说话绕弯子似乎一直为人诟病，让人觉得不够直爽，不够坦诚。然而，当直话说不通，又必须说的时候，那就不妨绕着说，这样没准能够获得意外的效果。

在生活中，求人办事在所难免，如果把话说得太直，就有可能会碰钉子，弄不好会使双方都下不来台。所以，只要把自己的意思委婉地告诉对方就行了。如果对方愿意，自然就会伸出援手；如果不愿意，那也不会伤了彼此的和气。

春秋战国时期，秦国攻打赵国，连拔三城，赵国形势告急。无奈之下，只好向齐国求救。齐国说："出兵救援当然没有问题，但必须先让长安君到齐国去当人质。"当时，赵国的掌权者是赵太后，而长安君正是赵太后最疼爱的小儿子，所以不愿意让他去当人质。

大臣们于是极力劝谏，但赵太后仍不为所动，并且明确地告诉群臣："如果有人再提及让长安君当人质的事情，我老婆子一定朝他的脸吐唾沫。"这样一来，大臣们便不敢再劝了。

左师触龙知道只有结盟齐国共同抵抗秦国，才能打败秦军，解救赵

国，于是他决定去说服赵太后。

触龙一进宫，赵太后就知道他的来意，于是满脸怒容，只待发作。触龙进来后，慢步走向太后，到了跟前请罪说："老臣脚有病，无力快步，久未谒见。虽然私底下原谅了自己，可是担心太后玉体偶有欠安，所以前来看看太后。"

赵太后神色顿时缓和了下来，说："我老婆子行动全靠手推车。"

触龙说："每天的饮食如何？"

太后说："只能喝点粥。"

触龙说："老臣现在胃口也不好，就自己坚持步行，每天走三四里，稍为增进一点食欲，对身体也能有所调剂。"

太后说："我老婆子可做不到。"脸色又和缓了一些。

触龙继续说："老臣的劣子年纪小，不成才。臣老了，很爱怜他。希望能派他到侍卫队里凑个数，来保卫王宫。所以冒着死罪来请求您。"

太后说："这事我一定同意，他年纪多大了？"

触龙回答说："15岁了，虽然还小，但是希望在老臣没死的时候先拜托给太后。"

太后说："做父亲的都这么爱怜小儿子吗？"

触龙说："是呀，比做母亲的更爱。"

太后笑道："你错啦，女人更喜爱小儿子。"

触龙摇摇头说："但依老臣所看，太后爱女儿燕后要胜过爱长安君。"

赵太后说："你错了，我对她的爱，远比不上对长安君爱得深。"

触龙说："父母爱子女，就会为他们考虑得长远一点。燕后出嫁后，太后十分想念她，但每逢祭祀一定为她祈祷说：'一定别让她回来啊！'

这难道不是从长远考虑,希望她有了子孙可以代代相继在燕国为王吗?"

太后说:"是的。"

触龙又说:"从赵氏建国开始算起,赵国君主的子孙凡被封侯的,他们的后代还有能继承爵位的吗?"

太后说:"没有了。"

触龙说:"其他诸侯国的子孙有吗?"

太后说:"这个我也没听说过。"

触龙说:"他们当中祸患来得早的就会降临到自己头上,祸患来得晚的就降临到子孙头上。难道国君的子孙就一定不好吗?这是因为他们地位尊贵而没有功勋,俸禄丰厚而没有功劳,占有的象征国家权力的珍宝太多了啊!现在您把长安君的地位提得很高,又封给他肥沃的土地,给他很多珍宝,而不趁现在这个时机让他为国立功,一旦您去世之后,长安君凭什么在赵国站住脚呢?我觉得您为长安君打算得太不长远了,因此我认为您疼爱他比不上疼爱燕后。"

太后听了这番话,顿时恍然大悟,说:"好吧,我知道你的意思了,那任凭你派遣他到什么地方去吧。"

因此触龙就替长安君准备了100辆车子,送他到齐国去做人质,齐国的救兵才出动,解了赵之围。

触龙无疑是个极有分寸的人,他说服赵太后所用的策略,就是直话绕着说。我们不妨试想一下,如果触龙也和其他大臣一样,一上来就对赵太后讲大道理,试图以江山社稷来说服赵太后,那就只会适得其反了。

有些话直说会伤感情,所以不妨绕个弯子,先用其他语言做铺垫,让对方更乐意接受你的意见和建议。譬如说,有朋友欠你几千块钱,很长时间没还,你又不好意思直接跟他要钱,那就不妨绕个弯子来提示他,可以跟他说你最近很想买一样东西,但还差点钱,或者含蓄地表示你最近手头比较紧。这样一来,既让对方知道你的意思,又保全了双方的面子,还能在一借一还里增进感情。

直话绕着说是一种说话的艺术,它能起到直言快语所无法达到的作用,看似没有明说,实际上却说到了对方的心坎里,所以往往更容易让对方接受。

刚柔相济的说话技巧

所谓刚柔相济的说话技巧,大致需要具备两个基本要素:一是要委婉含蓄地表达自己的立场;二是能够让听话之人心领神会,明白你话中所藏着的锋芒。总的来说,就是用一句明白易懂的软话来告诉对方,却又软中带硬。所谓的软,就是说话时的语气和态度比较和缓;所谓的硬,就是所表达的内容中有比较强硬的成分。

晋文公打败了楚国后,会合诸侯,连一向归附楚国的陈、蔡、郑三国的国君也都来了。郑国虽然跟晋国订了盟约,但是因为害怕楚国,暗地里又跟楚国结了盟。

晋文公知道这件事,打算再一次会合诸侯去征伐郑国。大臣们说:"会合诸侯已经好几次了。咱们晋国兵马已足够对付郑国,何必去麻烦人家呢?"

晋文公说:"也好,不过秦国跟我们约定,有事一起出兵,可不能不去请他。"

秦穆公正想向东扩张势力,就亲自带着兵马到了郑国。晋国的兵马驻扎在西边,秦国的兵马驻扎在东边,声势十分浩大。郑国的国君慌了神,便派能说会道的烛之武去劝说秦穆公退兵。

烛之武对秦穆公说:"秦晋两国一起攻打郑国,郑国准得亡国。但是郑国和秦国相隔很远,郑国一亡,土地全归了晋国,晋国的势力就更大了。它今天在东边灭了郑国,明天也可能向西侵犯秦国,对您有什么好处呢?再说,要是秦国和我们讲和,以后你们有什么使者来往,经过郑国,我们还可以当个东道主接待使者,对您也没有坏处。您瞧着办吧。"

秦穆公考虑到自己的利害关系,答应跟郑国单独讲和,还派了三个将军带了2000人马替郑国守卫北门,自己带领其余的兵马回国了。

晋国人一瞧秦军走了,都很生气。有的主张追上去打一阵子,有的说把留在北门外的2000秦兵消灭掉。

晋文公说:"我要是没有秦君的帮助,怎么能回国呢?"他不同意攻打秦军,却想办法把郑国拉到晋国一边,订了盟约,撤兵回去了。

留在郑国的三个秦国将军听到郑国又投靠了晋国,气得吹胡子瞪眼睛,连忙派人向秦穆公报告,要求再讨伐郑国。秦穆公得到消息,虽然很不痛快,但是他不愿跟晋文公扯破脸,只好暂时忍着。

过了几年,晋文公病死,他的儿子襄公即位。有人再一次劝说秦穆公讨伐郑国。他们说:"晋国国君重耳刚死去,还没举行丧礼。趁这个机会攻打郑国,晋国决不会插手。"

留在郑国的将军也送信给秦穆公说:"郑国北门的防守掌握在我们手里,要是秘密派兵来偷袭,保管成功。"

秦穆公召集大臣们商量怎样攻打郑国。两个经验丰富的老臣蹇叔和百里奚都反对。蹇叔说:"调动大军偷袭这么远的国家,军队一路下来精疲力乏，而对方早就有了准备，秦国怎么能够取胜？而且行军路线这样长，还能瞒得了谁？"

秦穆公不听，派百里奚的儿子孟明视为大将，蹇叔的两个儿子西乞术、白乙丙为副将，率领300辆兵车，偷偷地去打郑国。

第二年二月，秦国的大军进入滑国地界（在今河南省）。忽然，有人拦住去路，说是郑国派来的使臣要求见秦国主将。

孟明视大吃一惊，亲自接见那个自称使臣的人，并问他前来干什么。

那"使臣"说："我叫弦高。我们的国君听到三位将军要到郑国来，特地派我送上一份微薄的礼物慰劳贵军将士，表示我们一点心意。"接着，他献上四张熟牛皮和12头肥牛。

孟明视原来打算在郑国毫无准备的时候突然袭击，现在郑国使臣老远地跑来犒劳军队，这说明郑国早已有了准备，要偷袭就不可能了。

他收下了弦高送给他们的礼物，并对弦高说："我们并不是到贵国去的，你们何必这么费心。你就回去吧。"

弦高走了以后，孟明视对他手下的将军说："郑国有了准备，偷袭没有成功的希望，我们还是回国吧。"说罢，就灭掉滑国，然后班师回国了。

其实，孟明视上了弦高的当。弦高是个牛贩子，他赶了牛到洛邑去做买卖，正好碰到秦军。他看出了秦军的来意，但要向郑国报告已经来不及了，于是急中生智，冒充郑国使臣骗了孟明视，一面派人连夜赶回郑国向国君报告。

郑国的国君接到弦高的信，急忙叫人到北门去观察秦军的动静，果然发现秦军把刀枪磨得雪亮，马匹喂得饱饱的，正在做打仗的准备。他

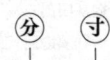

就老实不客气，向秦国的三个将军下了逐客令，说："各位在郑国住得太久，我们实在供应不起。听说你们要离开，就请便吧。"

三个将军知道机密已经泄露了，待不下去了，只好连夜把人马带走。

在这个故事中，郑国的商人弦高对秦军主帅说的一番话语虽然很客气，简直就像棉花一样，但话里却透露了强硬的态度，其弦外之音是：你们要偷袭郑国，但这个消息已经走漏出去了，郑国已有了准备，如果秦国不识相，那么只好兵刃相见了。结果就是秦军撤兵回国。

生活中，要想学会使用刚柔相济的说话技巧，关键在于你的"刚"既要硬，又要扎得准，击中对方的要害，使对方有所顾忌，对方便会知难而退。

学会用语言来维护自身的名声和面子，也是一种自我保护的手段，是让自己立足于世的必备功夫。

传达坏消息的艺术

对于不好的事，谁都不愿意看到和听到，甚至不想面对。但是，那些不好的事却不会因为人们害怕面对就不发生，比如考试落榜、竞选失败、市场出现危机等等。这些不好的事无时无刻不在困扰着我们，也在磨砺着我们。所以，人生在世，除了要学会迎接那些好的事情，更要学会坦然面对那些不好的，乃至不幸的事情。

当然，对于那些坏的事情，仅仅学会面对还是不够的，还要看你如何将这些消息传达出去，这里面的学问就大了。

比如，公司的产品卖得不好，甚至开始出现危机，这个时候你该如何向上级领导报告呢？如果你慌慌张张地冲到领导的办公室，然后迫不及待地将这个坏消息报告给他，那么就算不关你的事，领导也会怀疑你对待危机的能力，弄不好还会惹来领导的责骂，成为出气筒。正确的方法应该是从容不迫地对他说："我们现在好像碰到一些情况，不过事情可能没有我们想象的那么糟……"这样一说，领导自然就知道发生了什么事，而且觉得事情并没有到不可收拾的地步，并且感到你会与他并肩作战，解决问题。

当别人向我们打听一个消息，而这个消息对他来说又是坏消息时，我们又该怎么传达呢？如果直说，可能会让对方觉得很难受，或者很尴尬；如果不说，那就是隐瞒，日后对方也可能会怪罪于你。说也不是，不说也不是，到底该怎么办？

宋朝的时候，有一个名叫孙山的才子，他为人不但幽默，而且很善于说笑话，所以他附近的人就给他取了一个"滑稽才子"的绰号。

有一次，他和一个同乡的儿子一同到外地去参加举人考试。放榜的时候，孙山的名字虽然被列在榜文的最后一名，但仍然是榜上有名，而那位同乡的儿子却没有考上。

不久后，孙山先回到家里，那个同乡知道孙山回来了，便赶紧过来问自己的儿子有没有考上。孙山既不好意思直说，又不便隐瞒，于是就随口念出两句不成诗的诗句来："解名尽处是孙山，贤郎更在孙山外。"

解名就是解额，宋代解试合格者解送礼部，参加省试。其解送者有一定数额，所以称解额。他这两句诗的意思是说："举人榜上的最后一名是我孙山，您儿子的名字却还在我孙山的后面呢。"那位同乡一听，虽然知道自己的儿子没有考上，却也被孙山的幽默给逗笑了。

我们可以试想一下，在面对那位同乡的询问时，如果孙山一上来就直接说："我考上了，你的儿子落榜了。"虽然这句话的意思和那句"解名尽处是孙山，贤郎更在孙山外"的意思一模一样，但那位同乡听了，脸色肯定会很难看，甚至还可能会因此而对孙山产生怨恨之情。而孙山的聪明之处就在于，把自己的意思用一种幽默的方式婉转地传达给对方，取得意想不到的效果。

当然，这种用幽默来传达坏消息的方法也不可乱用，一定要分什么事，更要看什么场合。比如，当别人的亲人不幸离世时，如果还用幽默的方式去传达这个不幸的消息，那就不合适了。

传达坏消息的方法是多种多样的，概括起来，主要有如下几种：

1. 对接受挫折能力比较强的人可以直接说明

对于那些性格刚强、有地位的人，如果他的亲属遇到不幸，需要通知时，就可以直接说明，或以委婉的语言说明。这些人在生活中或工作中都经历过大风大浪，接受挫折的能力比较强，一般情况下他们是能顶得住的。

2. 多给予一些精神上的鼓励

对于内心十分脆弱、已经禁不起刺激的人，对他们传达坏消息时，不妨采取长时间回避事实的方式，让他们在时间的消磨中，有一定的心理铺垫，情绪得到了宣泄，也就自然而然地接受真相了。但是，在这个等待的过程中，当事人的内心是极其彷徨、无助的，这就需要知情者在隐瞒事实的日子里，多给予一些精神上的鼓励，让他们有接受事实的承受能力。

3. 采取渐次渗透的方法

当估计到不幸消息对于当事人可能造成致命打击的时候，就不宜让他们在时间的消磨中接受事实，因为对他们来说，日日夜夜的等待都是痛苦的折磨，等他们自己发现真相时，这种情绪积累到最后，往往就会崩溃。对待这种人可以采取渐次渗透的方法，一次比一次多地把坏消息透露出去，在这样一个过程中使之增强承受力，当最后把实情说出时，对方就有一定的心理准备了。

4. 使用委婉方式传达坏消息

对于那些承受力弱，或神经脆弱，或年迈多病的人，如果将坏消息直言相告，就可能会出问题，这时最好使用委婉的方式来传达，尽量避免使用刺激性很强的词，用同义词替代，把不好的消息传递过去，让对方意会，并承受事实。也可以用最通情达理的语言把对方的悲伤之情引导释放出来，这样可以减轻对方的痛楚。

总之，不管是普通的坏消息，还是不幸的消息，全看你怎么去传递。"直"着说，小小的不幸可能在别人心中演变成大大的灾难；"曲"着说，大大的不幸可能在别人心中也不过是小小的阻碍。

曲直之道，存乎一心，关键就看你怎么去运用了。

留人余地

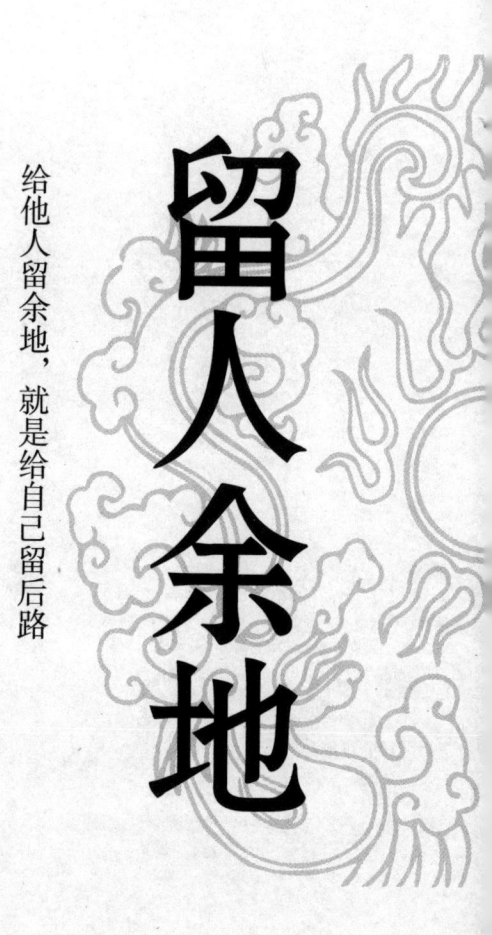

给他人留余地，就是给自己留后路

凡事留有余地，看似是没有自信的表现，实际上是为自己铺路，留下可以斡旋的机会。

想要批评别人，先要肯定别人

与人相处的时候，一些头脑简单的人，经常会直接指出别人的缺点和错误，甚至还会劈头盖脸地把别人批评一顿。

其实，人非圣贤，孰能无过。对于别人的一点小错误，如果紧抓不放，不给别人留点颜面，到头来只会给人留下苛刻和小肚鸡肠的印象。而那些心胸开阔、有分寸的人，在发现别人的错误时，即使要指出来，也会讲究方式和方法，给对方留有余地。

春秋时期，楚国有一位很受赏识的宫廷艺人，名叫优孟，此人身材高大，富有辩才，常谈笑讽谏时事。当时，楚庄王有一匹好马，楚庄王非常喜欢，对其爱护有加，使那匹马过着比人还舒服的日子。然而，因为生活水平过于优越，那匹马很快就因为肥胖过度，病死了。

爱马的楚庄王非常伤心，便命令人为死马治丧，并按大夫的葬礼规格来安葬它，用棺椁装殓。大臣们觉得楚庄王这事做得太过分，于是争着劝谏，不同意这样做。庄王大怒，下令说："如果再有人为葬马一事争论，立刻处死！"

优孟知道后，便来到宫殿里仰天大哭。庄王很吃惊，问他为什么哭

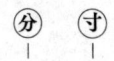

得这么厉害。优孟止住哭声,回答说:"宝马是大王的心爱之物,理应厚葬。堂堂楚国,地大物博,国富民强,有什么条件无法满足呢?大王用大夫的规格安葬它,实在太薄待它了,我建议用君王的规格来安葬它。"

庄王忙问:"那你说该怎么办呢?"

优孟回答道:"以雕玉为棺,文梓为椁,用樟木等贵重木材做护棺的题凑,再派几千名士兵挖掘坟墓,老人和孩子背土筑坟。然后,让齐国和赵国的使节在前面陪祭,韩国和魏国的使节在后面护卫。安葬完毕之后,再为它建立祠庙,用猪、牛、羊各1000头的太牢礼来祭祀它,并安排万户之邑供奉。这样,各诸侯国便会知道大王重视马而轻视人了。"

优孟的一席话,说得楚庄王很惭愧,于是他便说:"寡人知错了,你说我现在该怎么处置此事呢?"

优孟说:"请大王用对待六畜的方式来埋葬它。用土灶为椁,用铜锅为棺,姜枣调味,佐以木兰,稻米为祭,火光为服,把它埋葬在人们的肠胃里。"庄王听了,欣然同意,立即派人把马交给主管膳食的太官,并且告诫大臣们,不要让天下人知道自己原本的打算。

每个人都不会喜欢被人指责,普通人如此,居庙堂之高的君王亦如此。当别人犯了错误,尤其是在他已经认识到自己的错误时,你再多加指责,只会让他感到难堪,甚至产生逆反心理,坚决不认错。如此一来,气氛就会很僵化,你自己感到委屈,对方也会恼羞成怒。

所以,如果对方所犯的一些错误,让你不得不指出的时候,不妨用委婉的方式,旁敲侧击,循循善诱,或是像优孟一样先认可对方,然后再通过委婉的手法，达到指正对方的目的。

以下列出了几个指正别人的正确方式，以供大家参考：

1. 不要当着众人的面指正

如果在众人面前指正对方，会使对方下不了台，所以最好在和对方单独相处的时候再指正他，并且尽量以商量和建议的口吻来展开话题，语气要温和，语调要平缓，不要大声指责。这样一来，对方会更容易接受，即使他不接受，也会感谢你的好意，至少不会跟你闹翻。

2. 不要翻旧账

翻出别人以前的老账是最忌讳的，一下子说出别人很多错误，会伤害别人的自尊心。所以，只要指出别人当时所犯的错误就可以了，对于过往的错误不要再提。

3. 对事不对人

别人犯的错误再严重，也不要对别人进行人身攻击。因为我们要指正的是别人的错误行为，而非他这个人，哪怕关系再好也要注意。

4. 指正为主，批评为辅

批评别人所犯的过错，其实只是一种手段，而不是目的，指正才是最终的目的，所以千万不要本末倒置。

5. 杜绝说教式口吻

别人犯的错误，我们可能也曾犯过。所以不要摆出上位者的姿态，或者去占据道德的制高点。因为说教式的指正，只会让人反感。

6. 适当地给予赞扬

在批评别人的时候，不要一味指责，把别人批评得体无完肤。适当地加以赞扬，可以营造和谐的交谈气氛，效果会更好。

7. 让谈话友好地结束

任何交谈，结束语很重要，尤其事关别人的错误。我们可以这样说："看来，所有困难都被我们解决了，以后一定还得这样相互帮助，共同努力进步。"友好的结束才能有新的开始，不要把所有的功劳都揽到自己身上，更不要把自己塑造成"点化"别人的形象。

总之，要想成为受欢迎的人，批评与指正的说话艺术是必须掌握的。当你用温婉平和的语气指出对方的缺点时，当你用迂回曲折的方式来指正别人时，你会发现，你根本不用苦口婆心，不用剑拔弩张，别人也能认识到自己的错误，并真心实意地改过。

宁可得罪君子，不可得罪小人

古人对小人十分警惕，曾经说出"宁可终岁不读书，不可一日近小人"的话来，这就足以说明古人对小人是多么深恶痛绝了。当然，不管是"终岁不读书"，还是"不可一日近小人"，都未免有些夸张。其实，古代的正人君子，对于小人，很多时候也是没有办法躲避的。

比如，当你与小人同朝为官时，你能够因为朝中有小人就去辞官吗？今天的职场也是如此，我们也不可能因为单位里有小人就去辞职。所以，对于小人，我们能够做到的，就是尽量不要得罪他。

曾为大唐王朝的中兴立下赫赫战功的郭子仪，不仅在疆场征战上功勋卓著，而且在官场中也是八面玲珑，这完全得益于他"宁可得罪君子，不可得罪小人"的处世哲学。

与郭子仪同朝为官的卢杞，相貌奇丑无比，脸形宽短，鼻子扁平，两个鼻孔朝天，眼睛小得出奇，很少招人待见，经常有人因看到他这副"尊容"而忍不住掩口失笑。但就是这样一个人，郭子仪却从不敢怠慢。

有一次，郭子仪卧病在床，卢杞闻讯前来探望。奴仆通报过后，郭子仪赶忙将左右姬妾遣退到后堂去，独自一人招呼客人，姬妾们对郭子仪的做法很不理解，但还是遵从了。卢杞走后，姬妾们重新回到病榻前，便问郭子仪："以前有那么多官员来探望您，您从不让我们回避，为什么卢大人来了，您却让我们都躲起来呢？"

郭子仪这才对姬妾们说："你们有所不知，此人面丑心恶，对别人的反应十分敏感，万一你们看到他时，忍不住笑出声来，可就惹恼了他，即使他嘴上不说什么，但心里一定会记恨，有朝一日他若得势，依他那睚眦必报的性格，我们家族可就要遭殃了。"

果不其然，后来卢杞当了宰相，大权在握，于是便把所有得罪过他的人统统加以陷害，唯独对郭子仪网开一面，甚至还尊重有加。

郭子仪的分寸感，由此可见一斑。要知道，林子大了，什么鸟都有，更何况是人类社会呢？谁能保证与你共事的人当中没有小人呢？所以，在与人交往的过程中，我们不能不多长点心眼儿，即使有再多的不屑和不满，也不能当面表现出来。如果你得罪的是一个为人光明磊落、胸襟宽广的君子，自然没什么大事，但如果你得罪的是气量极小、报复欲望奇强的小人，那可就麻烦大了。因为那些小人可能会因为你的冒犯而怀恨在心，在今后的日子里，他虽然在表面上不与你计较，但在暗地里却牢牢地盯着你，并绞尽脑汁，动用各种手段来算计你。也许你不怕他们的反击，也许在短时间内他们还奈何不了你。但小人之所以是小人，是因为他们始终躲在阴暗的地方，用阴险的手段从背后发动突然袭击，即使是老虎，也会有打盹儿的时候，更何况是人呢？到那时，也许你被他们打倒了，还没有察觉到底是谁干的呢。

小人之所以不可得罪，其原因就在于他们内心深处具有强烈的报复欲望。但他们在本质上又胆小如鼠，他们也常常为自己的无耻行为而担惊受怕，他们在对别人施以打击、报复之后，又时时害怕别人对他们进行报复。为了消除这种忧虑的根源和潜在的威胁，于是他们就连续不断地伤害别人。

我们一般人之所以怕得罪小人，就是担心在遭到他们的打击报复之后，他们仍然像泼皮无赖一样纠缠不休、骚扰不止，而且一次比一次阴险，一次比一次凶猛。这样一来，即使你有三头六臂，恐怕也抵挡不了这层出不穷的折腾。就算一时正气压倒了邪气，究竟还是"躲得了初一躲不过十五"，最后不得不悲叹：小人实在得罪不起！

那么，对于小人，我们难道就真的没有办法对付他们了吗？也不尽然，还是古人说得好："恶人自有恶人磨。"实际上，小人也有小人去治他，只是还需要一个过程。所以，根本不用我们站出来与小人单挑。世上的事，本来就是一物降一物，再厉害的东西，也有其他法子去治他。所以，当我们对那些小人实在看不过去时，当我们实在忍不住要去得罪他们时，不妨记住那句话："善有善报，恶有恶报。不是不报，时候未到。时候一到，一切都报。"

为人处世，要学会成人之美

子曰："君子成人之美，不成人之恶。"可见，成人之美是君子所必备的素质之一，甚至可以说得上是美德中的美德。

君子首先是一个高尚的人，他们总想着别人的好，尽可能去开发、诱导、鼓励、帮助别人完成心愿。在中国历史上，这样的事迹数不胜数。

庄子曾讲过这样一个故事：有个郢人，一不小心鼻尖上溅到泥点，泥点像苍蝇的翅膀那样薄而小，就让一个名叫"石"的匠人帮他砍削掉。匠人石舞起斧头来，像是一阵旋风，一斧头劈下去，郢人鼻子上的泥点全被削去了，而鼻子却完好无损。后来宋元君听说了这件事情，就把匠人石找来，让他也为自己砍削鼻子上的泥点。匠人石却说："我以前是能够做到的，但是能让我施技的对象已经死去很久了。"

庄子的这则寓言，固然显示了匠人石的高超技艺，运斧成风，但另一方面也不能忽视郢人的精妙配合与奉献精神。如果没有郢人的开发诱导，匠人石就难以练成这样一手绝活，即使练成了，也无法展现出来，所以匠人石也很感激郢人。后来，郢人死了，匠人石就再也找不到配合他的人了。

宋代的王安石读到这个故事后，曾提笔写出了这样两句诗："便恐世间无妙质，鼻端从此罢挥斤。"意思是说：如果没有施技对象的巧妙配合，那么再美好、再精彩的技艺也会绝迹于世间。

隋朝曾流传着一个破镜重圆的故事，这个故事是由华阴（今属陕西）人、越国公杨素的一段成人之美的佳话流传来的。

杨素，字处道，为辅佐隋文帝杨坚结束割据，统一天下，建立隋朝立下了汗马功劳。他不仅足智多谋，才华横溢，而且文武双全，风流倜傥，在朝野上下都声势显赫。

隋朝在统一大业中，最后一个灭了陈朝，由于杨素破陈有功，所以隋文帝就乱点鸳鸯，把陈国的乐昌公主陈氏赐给杨素做小妾。杨素既仰慕乐昌公主的才华，又被乐昌公主的美色迷倒，因此就更加宠爱，并专门为乐昌公主营造了宅院。然而，乐昌公主却终日郁郁寡欢。

原来，乐昌公主与丈夫徐德言两心相知，情义深厚。陈国将亡之际，徐德言曾流着泪对妻子说："国已危如累卵，家安岂能保全，你我分离已成必然。以你这般容貌与才华，国亡后必然会被掠入豪宅之家，我们夫妻长久离散，各居一方，唯有日夜相思，梦中神会。倘若老天有眼，不割断我们今世的这段情缘，你我今后定会有相见之日。所以我们应当有个信物，以求日后重逢相认。"说完，徐德言把一枚铜镜劈成两半，夫妻二人各藏半边。徐德言又说，"如果你真的被掠进富豪人家，就在明年正月十五那天，将你的半片铜镜拿到街市去卖，假若我也幸存人世，

那一天就一定会赶到街市,通过铜镜去打听你的消息。"

一对恩爱夫妻,在国家山河破碎之时,虽然劫后余生,却受尽了离散之苦。好容易盼到第二年正月十五,徐德言历尽千辛万苦,终于赶到都市大街,果然看见一个老头在叫卖半片铜镜,而且价钱昂贵,令人不敢问津。徐德言一看到那半片铜镜,便知妻子已有下落,禁不住涕泪俱下。他不敢耽搁,急忙按老者要的价给了钱,又立即把老者领到自己的住处。吃喝已罢,徐德言向老者讲述一年前破镜的故事,并拿出自己珍藏的另一半铜镜。两半铜镜还未吻合,徐德言早已泣不成声……卖镜老人被他们的夫妻深情感动得热泪盈眶。他答应徐德言,一定要在他们之间传递消息,让他们夫妻早日团圆。徐德言就着月光题诗一首,托老人带给乐昌公主。诗这样写道:

镜与人俱去,镜归人未归。

无复姮娥影,空留明月辉。

乐昌公主看到丈夫的题诗,想到与丈夫咫尺天涯,难以相见,更是大放悲声,终日容颜凄苦,水米不进。杨素再三盘问,才知道了其中情由,也不由得被他二人的真情深深打动。于是他立即派人将徐德言召入府中,让他夫妻二人团聚,并设宴祝贺他们破镜重圆。宴罢,夫妻二人携手同归江南故里。府中上下都为徐陈二人破镜重圆和越国公杨素的宽宏大度、成人之美而感叹不已。

这个破镜重圆的故事不仅讲述了一个优美的爱情故事,更反映出古人成人之美的美德。所谓"赠人玫瑰,手有余香",善于成人之美的人,别人自然也会给他美名。

其实，成人之美，也是君子自己成就自己、自己实现自己的一种方式。君子成就自己有两种方式：一是修身治心，即"成己"；一是推己及人，即"成人"。所以，成人之美，也就是成己之美。

唐贞元年间，书生张珙进京赶考，在河中府普救寺邂逅崔相国的女儿崔莺莺，二人一见钟情，互相倾心。张珙于是搬到寺内，住在西厢边上，希望有机会接近崔莺莺。

当时，河中叛将孙飞虎听说崔莺莺貌美如花，于是心生歹念，率兵围攻普救寺。崔莺莺的母亲焦急万分，就宣告说若有人能杀退贼兵，愿将莺莺许之为妻。张珙于是给他的好朋友白马将军杜确写信，让他前来解围。

然而，当杜确率军剿灭了孙飞虎之后，崔母却嫌张珙只是一介书生，于是不守诺言，只是推托。而莺莺的丫鬟红娘看到二人早已相悦，于是便暗中奔波，为他们传书递信，并创造机会，让他们在花园相会，最后干脆自作主张，主持了他们的婚事。

崔母知道这事后，怒斥红娘，红娘据理力争，并说崔夫人言而无信，棒打鸳鸯，崔母自知理亏，也就依了红娘之见，应允了张珙与崔莺莺的婚事。

在张珙与崔莺莺的故事中，由于红娘在其中扮演了成人之美的角色，所以她的名字后来也成了媒人的代名词。

曾国藩在他的日记里曾写道，他的好友陈作梅曾对他说："见得天下皆是坏人，不如见得天下皆是好人，存一番熏陶玉成之心，使人乐于为善。"陈作梅的这句话，其实就是对人性本善的信仰，而顺此美好天性，我们应当对他人之才加以引导和成全，而不是忽视埋没，更不是阻碍、扼杀，这才是真正的成人之美。

打人不打脸，揭人不揭短

在为人处世中，场面话谁都能说，但并不是谁都会说，往往是一不留神，就会踏进语言的"雷区"，触到对方的隐私和痛处，犯了对方的忌，使对方受到伤害。其实，每个人都有所长，也都有所短，在人际交往中，如果你想成为一个受欢迎的人，就必须学会发现对方身上的长处，褒奖对方的长处，而不要捉住别人的把柄、短处或毛病，大做文章。

春秋战国时期，宋国曾帮助齐国讨伐鲁国，但在乘丘之战中，宋国第一猛将南宫长万被鲁人活捉。后来宋、齐、鲁三国重新修好，南宫长万被送还回国。

南宫长万好不容易捡回一条命，可万万没想到，宋国国君宋闵公从此以后对他是冷眼相待。宋闵公见到南宫长万就轻蔑地说："南宫长万，我以前非常尊重你，可是你做过鲁国的囚犯，我再也不会尊敬你了。南宫长万，你也有今天，你就是个囚犯。"南宫长万简直火冒三丈。

大夫仇牧私下里就劝宋闵公，说："君臣之间应该以礼相待，千万不要互相轻慢，以免惹出事端。"宋闵公却很是不以为然，认为这都是无伤大雅的小事，而且变本加厉，喜欢在人前开涮南宫长万。

有一次君臣二人饮酒对赌，输的人罚酒，南宫长万运气不好，连输五次，罚了五杯酒。于是宋闵公又当众嘲笑他是一个囚犯。本来输了就心情不好，南宫长万借着酒劲就破口大骂："你这个昏君，你只知道我是个囚犯，你可知道囚犯也会杀人。"于是第一猛将南宫长万一拳打死宋闵公。

南宫长万作为人臣，尚且不能容忍其主揭自己的短，更何况平常的关系呢！所以，千万要记住：打人不打脸，揭人不揭短。否则，后果将不堪设想！

朱元璋做了皇帝，他从前相交的一班穷朋友，有些还是照旧过着很穷的日子。有一天，他儿时一块长大的一位穷哥们儿，千里迢迢从老家赶到南京，费尽周折，总算进了皇宫。一见到朱元璋的面，这位老兄便当着文武百官的面，大嚷大叫起来："哎呀，朱老弟，你现在当上了皇帝，可真威风呀！还认得我吗？当年咱俩可是一块儿光着屁股游玩，你干了坏事老是让我替你挨打。记得有一次，我们在芦花荡里，把偷来的豆子放在瓦罐里煮着。还没等煮熟，大家就抢着吃，把罐子都打破了，撒下一地的豆子，汤都泼在泥地里。你只顾从地下满把地抓豆子吃，却不小心连红草叶子也塞进嘴里。结果叶子卡在喉咙中，苦得你直翻白眼。最后还是我出的主意，叫你用青菜叶子带下肚子里去了。怎么，这些你都不记得啦？"

这位老兄还在那里喋喋不休，唠叨个没完，而宝座上的朱元璋却再也坐不住了，心想：此人太不识相了，竟然当着文武百官的面揭我的短处，让我的脸往哪儿搁？于是大声喝道："哪里来的疯子？竟敢在朝堂

留人余地
给他人留余地，就是给自己留后路

上胡言乱语。来人，把他拉下去给我砍了！"结果，那位穷哥们儿还不知道怎么回事，脑袋就已经落地了。

不久之后，又有一位穷朋友从乡下来到皇宫。见面的时候，他说："我主万岁！当年微臣随驾扫荡'芦州府'，打破'罐州城'，'汤元帅'在逃，拿住'豆将军'，'红孩儿'当关，多亏'菜将军'。"朱元璋一听，心里十分高兴，顿时哈哈大笑，立刻就封他做了御林军总管。

在这个故事里，我们看到了朱元璋两个穷朋友的不同遭遇，一个命丧黄泉，一个则是官袍加身。其实，他们在见到朱元璋的时候，所说的是同一件事，但为什么会有这样不同的结局呢？原因很简单，因为前者揭了朱元璋的短处，让朱元璋下不来台。要知道，此时的朱元璋已经贵为天子，不再是以前的放牛娃了，怎么能称呼他为朱老弟呢？还有，童年的饥饿，对朱元璋来说，是不堪回首的往事，尤其是抢豆子吃的馋相，是很不雅的，这本应该是避讳的事，而前面的那个穷朋友却当着那么多人的面直接说了出来，如此不长眼，他不倒霉谁倒霉呢？而后者则是用一种委婉的方式，把童年的丑事说得就像出征打仗一样，这自然讨得朱元璋的欢心。

当然了，揭人所短，有时是成心的，那是相互仇视的双方用来作为攻击对方的兵器；有时又是无意的，那是由于某种起因，一不当心犯了对方的忌讳。但不管是有心也好，无意也罢，在待人处事中揭人之短都会伤害对方的自尊，轻则影响双方的情感，重则导致友情的决裂。

总之，在与他人相处时，只要你学会扬人所长，不揭人所短，就是给别人留足面子，同时也是给自己留了一条后路。

千万别把对手逼到绝路上

《孙子兵法》曰:"穷寇勿迫,此用兵之法也。"可见,古人早就悟出了穷寇莫追的道理,因为谁都知道"兔子急了会咬人",再温顺、懦弱的人,一旦被逼上绝路,也会在情急之下反咬你一口,甚至会不惜一切与你拼命,结果往往会导致两败俱伤。

燕昭王二十八年(公元前284年),燕国以乐毅为上将军,统率燕、秦、韩、赵、魏五国之兵伐齐,连克齐国70余座城,置为燕国的郡县。当时齐国只剩下即墨、莒这两座孤城没有被攻下。面对这仅剩的两座城池,乐毅采取了围而不攻的计策,他知道一旦强攻,很容易让齐人团结起来。故而于两城外九里处设营筑垒,欲以攻心取胜。

后来,燕昭王去世,燕惠王继位。即墨守将田单使用"离间计",派间谍到燕国散播谣言:"乐毅名为攻齐,实欲称王,所以故意缓攻即墨,若燕国另派主将,即墨指日可下。"昏庸的燕惠王果然中计,于是便派骑劫取代乐毅。

骑劫一反乐毅的战法,改用强攻,仍不能攻克即墨。于是,他企图用恐怖手段慑服齐军。先是把齐军俘虏的鼻子割掉,然后又刨了齐人在

留人余地
给他人留余地，就是给自己留后路

城外的祖坟。即墨城里的齐人听说燕国的军队这样虐待俘虏，全都气愤极了；又瞧见燕国的士兵刨他们的祖坟，更是恨得咬牙切齿，纷纷向田单请求，要与燕军决一死战。

田单为了麻痹燕军，便命精壮甲士隐伏城内，用老弱、妇女登城守望。又派使者诈降，让即墨富豪持重金贿赂燕国的将领，假称即墨将降，唯望保全妻小。围城已逾三年的燕军，急欲停战回乡，见大功即将告成，于是更加懈怠。田单知道时机已到，便采取了燕军闻所未闻、见所未见的"火牛阵"，带着齐国的愤怒之师一下子冲入燕国的军营，一阵狂杀。燕国的统帅骑劫也在混乱中被杀。随后，田单乘胜追击，很快就将燕军逐出国境，尽复失地70余城。

在燕军攻齐的这个案例中，如果燕王没有换掉乐毅，采取攻心为上的战略，或许齐国就真的被燕国给灭掉了。而骑劫挂帅后，所用的残忍手段，看似是吓唬齐国，实际上更加激发了齐国人誓死保卫国家的决心。因为骑劫的做法，已经把齐国人逼上了绝路，除了拼死一战，没有别的出路。

在现实生活中，许多人往往把事做得太绝，不给人留后路，结果搞得对方非常尴尬。其实应该想想，如果你自己处在这种状况会怎样。很显然，人一旦处于这种窘境，只会无条件地仇视别人。有分寸的人这时候就会设身处地地为对方想一想，当自己完全有能力战胜对方时，就适可而止，不再以牙还牙，以毒攻毒。

冤家宜解不宜结，只要问题解决了，就要给对方一个台阶下，否则对方记了你的仇，将来还可能会伺机报复。

见好就收，得理更要饶人

大部分人一旦陷身于争斗的旋涡，便会不由自主地焦躁起来，有时为了自己的利益，甚至是为了面子，也要强词夺理，一争高下。一旦自己得了"理"，便绝不饶人，非逼得对方鸣金收兵或自认倒霉不可。

日常生活中常有这样两种人：有些人无理争三分，得理不让人，这种人看似聪明，实际上是小肚鸡肠；有些人明知自己有理，却不予争辩，往往谦让别人，这种人看似糊涂，实际上却深谙智慧的处世之道。历史上有许多名人贤士，在为人处世上的豁达大度，给我们做出了榜样，值得我们学习。

宋太宗时期，有一个名叫吕蒙正的人，他考中状元后一直为官，声誉颇佳。公元983年，吕蒙正初任参知政事，进入朝堂时，一位中央官吏在朝堂帘内指着吕蒙正说："这小子也能当参知政事吗？真是朝中无人啊！"

吕蒙正装作没有听见的样子，径直而过。但是，与吕蒙正同在朝班的同僚却非常愤怒，下令追问那个人到底是谁。吕蒙正急忙制止，不让

留人余地
给他人留余地，就是给自己留后路

查问。下朝后，吕蒙正的同僚们仍然愤愤不平，问吕蒙正为何不追究。

吕蒙正说："一旦让我查到那个人的姓名，那么我就终生不能忘记了。而且不去追问，对我来说也没有什么损失。"身边的人听了，都很佩服吕蒙正的胸怀。

除了在与人交往中要做到得理饶人之外，在商业活动中也同样如此。中国有一句老话叫"和气生财"，所以在商业经营中，即使遇到客人的无理行为，也尽量不要把事情弄僵，最好是能给客人一个体面的台阶，让他自己走下去，这样既使自己不至受到损失，也不至于得罪客人。

上海有一家高档酒店，经常有外宾慕名而来。一天，一位外宾吃完最后一道菜后，顺手将一双精美的景泰蓝筷子悄悄地插进了自己的内衣口袋里。

这一幕被站在外宾身后的服务小姐看到了。于是，她回身取来了一只装有一双景泰蓝筷子的小盒子，双手捧着，不动声色地迎上前去，对这位外宾说："我发现先生在用餐时，对我国的景泰蓝筷子非常喜欢。为了表达我们酒店的感激之情，我代表酒店将这双图案精美，并经过严格消毒的景泰蓝筷子提供给您，我们将按照酒店的优惠价格记在您账上，您看可以吗？"

这位外宾自然听出了服务小姐的弦外之音，在对她如此周到的服务表示谢意之后，趁机说自己多喝了两杯，头脑有点发晕，误将筷子插入了自己的口袋。然后，外宾借此台阶而下，说："既然这双筷子没有消毒就不好用，我就以旧换新吧！"说着，接过了服务小姐送上的小盒子，然后取出内衣口袋里的筷子，放回了桌上。

　　服务小姐得理也让人，巧妙地处理了这起令人尴尬的事情。假如换一种方式来处理，当面说客人偷筷子，让他拿出来，或者让酒店的保安来处理这件事情，虽然也能够把问题解决，但经过这么一闹之后，客人对酒店的印象也就大打折扣了。因此，给别人一个台阶下，这样既保住了别人的尊严，也维护了自己的形象，可谓一举两得。

饭不可吃得太饱，事不可做得太满

俗话说："过头饭不可吃，过头事不可做。"又说："善饮者，常微醺，体味饮酒之快；善食者，常半饱，以助肠胃消化。"这两句话可以说是智慧的处世法则，讲究凡事留有余地，这样才能避免物极必反的尴尬局面发生。

而凡事留有余地，看似是没有自信的表现，实际上是为自己铺路，留下可以斡旋的机会。就像停车场的车辆之间必须有个安全距离，必须留一点缓冲的余地，才可以随时调整位置和方向。

有一个禅宗弟子，一直在用心地修行，而且十分勤奋，却始终无法开悟。而那些当初和他一起拜师的师兄弟们，虽然没见他们怎么用功，却一个个都开悟了，这让那位弟子很不明白。于是，他带着烦恼到法堂去请教禅师道："师父！我常常打坐，时时念经，早起早睡，心无杂念，一心求道，自认为在您的门下已经没有哪一个人比我更用功了，但为什么我就是无法开悟呢？"

看着弟子一脸无奈的样子，禅师并没有说什么，只是微笑着拿来一个葫芦、一把粗盐，然后交给那位弟子，对他说道："请你把这个葫

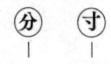

芦拿去装满水，然后再把这些粗盐倒进去，使它立刻溶化，你就会开悟了！"

那位弟子虽然不知道禅师的葫芦里到底卖的是什么药，但还是按照禅师的吩咐去做了。然而，没过多久，他又跑回来了，手里拿着葫芦，一脸无辜地对禅师说道："师父，我刚才按照您的指示去做了，我先把盐块放进葫芦里，它没有立刻化掉；我又把筷子伸进去，想搅动一下，但葫芦口太小了，根本就搅不动，所以我还是无法开悟。"

禅师于是从那位弟子的手中拿过那个葫芦，把葫芦里的水倒掉一些，然后又只摇了几下，盐块立刻就溶化了。禅师把葫芦递给弟子，看着一脸茫然的弟子慈祥地说道："一天到晚只知道用功，只知道勤奋，却不留一些平常心，就如同装满水的葫芦一样，想摇都摇不动，想搅也搅不得，怎么能够让盐溶化呢？又怎么能够开悟呢？"

"难道不需要用功也可以开悟吗？"弟子依然不解。

禅师回答道："用功是必须的，勤奋也是应该的，但修行其实就和弹琴一样，弦太松了当然弹不出声音，但如果太紧了就会断掉，只有不松不紧才能够弹出优美的琴声。所以，只有保持中道，保持一颗平常心，才是悟道之本啊！"

弟子听后，当下大悟。

世间的事，并不是一味执着就能够获得成功的。比如读书，如果我们只知道用功，只知道读死书，却不懂得活用，那么就算你花再大的功夫，也不会有太大的进步，最后只能成为书呆子；再比如吃饭，如果每顿都吃得饱饱的，甚至是狂吃海饮，毫无节制，就会使人的消化系统时时处于紧张的工作状态，这对于身体的健康是有百害而无一利的。

然而，由于受到某些观念的影响，使我们从小就开始信奉坚持到底就能够获得成功，并养成了"要吃得饱"的习惯，却不懂得在实际的生活中，真正需要的，其实只是一颗平常心。只有拥有了平常心，我们才能够做到不急不缓，不紧不松，既不过于执着，又不会自暴自弃。古人曾经说过："日中则昃，月盈则食。"一轮明月，最美的时刻应该是将圆未圆之时，而当它达到真正圆满的那一刻，实际上就已经开始缺失了。所以，我们千万不要被自己臆想中的圆满所困，其实真正圆满的东西，都是留有余地，甚至是留有缺憾的。这正如老子所说的"大成若缺，大盈若冲，大直若屈，大巧若拙"那样，圣贤的这些话，在时间的长河里依然闪耀着智慧的光芒，然而，又有多少人能够真正领悟到其中的哲理呢？

一位著名企业家在做报告时，有听众提问道："您在事业上取得了巨大的成功，请问，对您来说，最重要的是什么？"

面对这个问题，企业家没有直接回答，而是拿起粉笔在黑板上画了一个圈，但他并没有把那个圈画圆满，而是留下一个缺口。然后，他反问道："这是什么？""零。""圈。""未完成的事业。""成功。"……台下的听众七嘴八舌地答道。

面对这些回答，企业家未置可否："其实，这只是一个没有画完整的句号。你们问我为什么会取得如此辉煌的业绩，道理很简单：我不会把事情做得很圆满，就像画个句号，一定要留下一个缺口，让我的下属去填满它……"

企业家的话音未落,会场内顿时响起了雷鸣般的掌声!

这个企业家之所以留下一个缺口给自己的下属,并不是他的能力不强。实际上,这是一种管理的智慧,是一种更高层次的带有全局性的圆满。

在现实生活中,很多人都在极力追求圆满,并为此苦苦地坚守自己那条所谓的"底线"。那么,这个世界上到底有没有完美的东西呢?当然有,但那只是极为短暂的一瞬,就好像太阳一过正午就会西斜,月亮一到圆满就会缺失一样,谁也无法将其留住。所以,与其苦苦地去追求那些所谓的圆满和完美,不如留一点空间,给自己转身;余一些时间,给自己思考。

其实,真正的完美只在我们的心里,所以不要一味去追求心灵以外的东西,因为那样会让我们失去一颗平常心,让我们的眼光变得越来越挑剔,精神也越绷越紧张,最终掉入痛苦的万丈深渊。所以,不管是饮食调养,还是为人处世,请记得不要吃得太饱,也不要做得太满,只要保持"八分"就可以了。

君子交绝，不出恶声

"君子交绝，不出恶声"是我国古代著名军事家乐毅的著名言论，而这句话是当时乐毅在遭受人生不公正待遇时说出来的，所以更显出他的高尚品格和凛然正气，更是千百年来的至理名言。

在《史记·乐毅列传》和《战国策·乐毅报燕王书》中，都分别记录了乐毅的事迹。

乐毅原本是中山国灵寿（今河北平山东北）人，魏昭王在位时，派乐毅出使燕国。当时，燕昭王求贤若渴，见到乐毅后，一眼便看出乐毅是一位难得的帅才，于是以礼相待，乐毅被燕昭王的诚恳感动，便留在燕国，被昭王封为上将军。

乐毅充分发挥他的政治和军事才华，不负燕昭王的信任，率赵、秦、韩、魏、燕五国士兵攻齐，破齐军于临淄（今山东淄博东北），并连续攻占齐国70余座城池，首都临淄失守，齐王出逃，只剩下莒、即墨两座孤城尚未拿下。乐毅也因此被封为昌国君。

然而，燕惠王继位后，齐国只用了一个反间计，燕惠王就上当了，听信谗言,任命骑劫代替乐毅的统帅地位。此时,身在前线的乐毅,也深知燕惠王的为人,害怕被诛杀,于是逃到赵国。

乐毅一走,齐军便知道机会来了,于是一鼓作气,大破燕军,收复失地。燕惠王后悔自己的行为,害怕赵国起用乐毅,于是便写信给乐毅,既承认自己的错误,又批评乐毅辜负先王的赏识,要求乐毅回到燕国。乐毅于是给燕惠王写下了著名的《报燕惠王书》:

"臣闻古之君子,交绝不出恶声;忠臣之去也,不洁其名。臣虽不佞,数奉教于君子矣。恐侍御者之亲左右之说,而不察疏远之行也。故敢以书报,唯君之留意焉。"

在这封回信中,乐毅既婉转得体地反驳了燕惠王的责问,又恰到好处地展示自己善于谋划、善于用兵的才能,解释自己全身保名的合理。当然,乐毅虽然离开了燕国,仍然还是在可能的范围内,为燕国做了力所能及的事。

从乐毅的经历中,我们不难看出他的明智之举。尤其是他在收到燕惠王的诏书之后,并没有选择回到燕国,而是去了他梦想的起点——赵国。或许他知道燕国已经不再是属于他的舞台了,而他的归宿应该是在有他家人和亲友的赵国,真可谓是进退自如,去留无意。难怪诸葛亮会把乐毅当成自己的偶像了。

君子交绝,不出恶声,难就难在"爱而知其恶,恶而知其美"。其实,在大多数的争论中,并不存在谁对谁错的问题,只是双方的立场不一样,观点不一样,仅此而已。所以,在与别人交往的时候,如果能够多站在对方的立场上,设身处地为对方着想,那么就可以避免一些不必要的争论了。即使双方的看法不能一致，甚至因此而绝交，那么在转身的时候，不妨肯定对方在其他方面所取得的成就。如果因为绝交而恶语相向，不但让人觉得你的气量太小，也可能会给自己带来不必要的麻烦。

在日常生活中，人们难免会与某个人或团体产生矛盾。当矛盾发生之后，要么以平和、积极的心态来处理问题，要么撕破脸皮，甚至是恶语相向。这就看当事人的修养和度量达到何种程度了。如果觉得既然已经与对方"交绝"，就无所顾忌地出"恶声"，以泄心头之恨，这样一来，除了说明你心胸狭隘之外，其实并没有其他的好处。

当今社会生活节奏加快，人际交往频繁，所以产生摩擦和矛盾的可能性也会随之增加。在这种背景下，"君子交绝，不出恶声"这句古语也就显得愈加珍贵。从某种程度上来看，"交绝"之后，不向对方出"恶声"，而是出"赞声"，又何尝不是在编织自己的"美誉"呢？

人低成王

上善若水，低调才是王道

放低自己，其实不会使自己变矮，也不会使自己的身份降低，相反会让自己得到更多的机会。

与其逞强，不妨示弱

在与对手的较量中，如果对方是一个很有实力的强者，而且他的实力明显高于你，那么你就不必为了面子或意气而与之争强，因为一旦以硬碰硬，最好的结果也不过是两败俱伤，但这样的可能性其实很小，自己失败的可能性却比较大，因此与其逞强，不妨示弱。

所谓的示弱，并不是认输，而是一种策略，一种高级的智慧。

秦国经过韩国的上党讨伐赵国之时，秦军包围了赵国的阏与（今山西和顺）。为应对此事，赵国没有派出在诸侯中很有名气的廉颇，而是派出了田部吏赵奢。赵奢没有马上带兵奔赴前线阏与，而是把军队带到离国都30里的地方就驻扎下来，借以迷惑敌人。他命部队在那里待了整整28天。后来，秦军耐不住性子，就派了一个间谍到赵军中试探。赵奢对间谍待若上宾，好酒好肉地款待他。秦军将领知道后非常高兴，以为赵军非常害怕他们，不敢夺回阏与这块地方了，思想上开始麻痹大意了。就在秦军得意扬扬、疏忽大意之时，赵奢带领军队以迅雷不及掩耳之势赶到前线，他们迅速地占领险要地势，集中优势兵力，一举击败秦军。

在这个案例中，赵奢面对秦军，采取了"示弱"的策略，在离开国都30里处就"不敢"前进，只是坚守营垒，而且一待就是28天，这种"害怕"的假象极大地麻痹了敌人。但这时候秦军还没有完全消除对他们这种示弱表现的疑虑，就派出了间谍到赵国军营试探。赵奢对待间谍如同贵宾，就在这样的妙计中让秦军彻底相信了赵军的"胆怯"，于是，秦军将领也道出了"阏与非赵地也"的狂妄话语。

在日常生活中，我们常用"毫不示弱"来形容一个勇敢的人，但时时处处不示弱的人能得一时之利，却难获最终之利。倒是有些人，凡事低调，不逞能，不占先，心境平和宽容，不受外人干扰，处之泰然，最终成了胜利者。所以，"示弱"表面上是自己处于"弱势"，但其本质是"蓄势"的表现，等他的"弱势"蓄积到一定程度，就会迸发出巨大的能量，那时候，原来的"弱者"也许就会变成最强大的人。

在现实生活中也是如此，如果一个人在做事时，能够学会示弱，那么他就很可能会成为长久的赢家。

当然，到底是"示弱"还是"示强"，也需要灵活运用。比如诸葛亮在用兵时，如果在稳操胜券的情况下，往往采取"伏兵暗处"以"示弱"；而在撤退时，就会采取诸如"空城计"之类的战术来向对方"示强"。

人生在世也是如此，什么时候示强，什么时候示弱，关键要看在那个情势下自己处于什么样的地位，知道自己在哪方面强，哪方面弱。因此，"示弱"的处世技巧十分重要，只要能够正确把握这个度，就能游刃有余。

才不可露尽，力不可用全

有句俗话说"干活悠着点"，就是不拼命，做自己力所能及的事，如果太拼命早晚会累垮。同理，才华的使用也是如此，所谓"花要半开，酒要半醉"。鲜花太过娇艳，不是立即被人采摘而去，就是标志着衰败的开始；喝酒大醉，伤身误事，甚至惹祸上身。有分寸的人，会懂得给自己留退路，尤其是不在聪明的人面前显示你比他更聪明。

春秋时期，齐国处士隰斯弥一次去大臣田成子家拜访时，田成子请他登上自家的阳台，远眺四方。

当他们向东西北三方遥望的时候，极目无阻，景致优美。唯独南边大树参天，葱郁茂盛，挡住了他们的视线，那里正是隰斯弥家。对于这一点，田成子没有向隰斯弥说任何话，但是隰斯弥已敏感地察觉到田成子的用意。

回家后，隰斯弥就开始思虑起来。他想，田成子在齐国位高权重，我得罪不起，为了不触怒他就必须伐掉树木。于是，隰斯弥就安排人去砍伐大树，但下人才砍了两三下，隰斯弥突然又让他们停下来，不要再砍了。身边的家臣觉得奇怪，便问："大人刚才那么急着要砍伐那些树，现在又决定不砍了，是因为碰到什么烦心事了吗？"

隰斯弥回答道："有一句谚语说'知道深渊有鱼的人是最不幸的'，田成子有意干一番改朝换代的大事，倘若我向他显示出我知道其中的微妙，这样我就危险了。不伐树，田成子以为我不知，就没什么罪过。要是知道了别人不想说出来的事情，那麻烦就大了。"家臣听了恍然大悟。

世事远非你想的那般简单，做人做事不妨留个心眼，暗中留一手可以制胜的绝招。不要把你所有的能力与才华都表现出来，这样你才能避祸就福，才能把"死局"下活。因为唯有留有余力，你才能在任何时候都处变不惊，静待时机，力挽狂澜。否则，一旦遭人算计，或是局势大变，等待你的只有死路一条。况且，你的全力为之，看似能力无人可比，才华天下无双，但实际上你已经引起一些小人的妒忌之心，也就为日后埋下了祸患。

战国时期，孙膑和庞涓是同学，拜鬼谷子先生为师一起学习兵法。其间，庞涓到了魏国，魏王任命他为元帅，执掌魏国兵权。庞涓确有本领，不久便攻打魏国周围的诸小国，连连得胜，使宋、鲁、卫、郑的国君纷纷来到魏朝贺，表示归顺。庞涓自己认为取得了盖世大功，不时向人夸耀。

这期间，孙膑仍在山中跟随先生学习，才能已经远远超过庞涓了。有一天，孙膑秉承师命，随魏国使臣下山。其实，请孙膑到魏国，并非出于庞涓的推荐，而是一个了解孙膑才能的人向魏王讲述后，魏王自己决定的。

孙膑到魏国，先去看望庞涓，并住在他府里。庞涓表面表示欢迎，但心里很是不安、不快，唯恐孙膑抢夺他一人独尊独霸的位置。又得知自己下山后，孙膑在先生的教诲下，学问才能更高于从前，十分嫉妒。后来，庞涓在魏王面前诬陷孙膑，使得他承受膑刑。

过了一段时间，孙膑识破了庞涓的诡计，于是装疯卖傻，骗过庞涓。之后经过齐国使者的秘密筹划，孙膑到了齐国后，齐王十分敬重他，任为军师。

在一次战役中，孙膑采用了按天减少军灶的方式使得庞涓上当。孙膑在马陵道设下埋伏，用墨在一棵树上写上六个大字："庞涓死此树下"。庞涓到了之后，辨认了树上的字，大惊失色："我中计了！"话音未落，箭如骤雨，庞涓当即栽倒身亡。

庞涓，其实已经走上了人生巅峰，但就是因为嫉妒，才一步步导致自己丧命，可惜了一身才华。

庄子曰："直木先伐，甘井先竭。"意思是说，伐木者会优先选笔直的树木，甜井也必然会先干涸。同样，人若过分展现才华，就像笔直的树木会先被人砍伐掉，水质甘甜的井会先干涸一样。

当然，如果不露锋芒，可能就永远没有机会展现自己的才能。但是，如果锋芒太露，又容易招人嫉妒，受到陷害。所以，到底要怎样表现自己的才华，要表现到什么程度，就看你自己怎么把握了。

明太祖朱元璋能够在群雄并峙的元末风云中，最终战胜群雄当上皇帝，靠的不是自己力压群雄的文治武功，而是"高筑墙，广积粮，缓称王"的策略。古人云："事不可做尽，势不可倚尽，言不可道尽，福不可享尽。凡事不尽处，意味偏长。"的确是这样，社会不是"比武场"，而是江湖，它告诉人们一个辛辣的"谬论"：才不可露尽，力不可用全。适时地保留，用以自救，才是万全之道。

学会低头，才能出头

要想立足于世间，要想保持一个平和的心态，要想出人头地，要想迈向辉煌的顶峰，就应该时时处处学会低头，懂得低头，记得低头。然而，由于我们从小就受到"永不低头""永不言败""宁折不弯"等这样的教育，使我们形成了一种强硬的信念。似乎只要低头就是懦弱，只要认输就是懦夫，只要退让就是没出息……结果怎么样呢？

被称为美国开国元勋之一的富兰克林年轻时去拜访一位前辈。当时，年轻气盛的富兰克林昂首挺胸地迈进前辈的家门，没想到他的头却狠狠地撞在门框上。这时，出来迎接他的前辈微笑着对他说："是不是很疼？但这却是你今天来拜访我的最大收获。请记住，要想成功，就必须时时记得低头！"从此，"记得低头"便成了富兰克林的座右铭，而且影响了他的一生，使他迈向了人生的辉煌。

在日常生活中，有个别的学生可以因为老师一句逆耳的忠言，就不知好歹地辱骂老师，同学之间可以因为一言不合而拳脚相向；在家庭中，父子之间可以因为意气之争而拔刀砍断相连的血脉，夫妻之间可以因为一点鸡毛蒜皮的小事而大闹几天几夜；在职场中，老板可以因为面子而赶走自己最得力的助手，员工可以因为和上级领导意见不合而拍桌子走人……于是，我们发现自己活得越来越累，发现这个世界处处是黑暗，并开始埋怨上天对我们越来越不公，生活对我们越来越残酷。可是，我们有没有真正地反思过呢？真正对我们不公的，对我们残酷的，难道真是上天吗？难道真是这个社会吗？难道真是所谓的命运吗？

苏格拉底是柏拉图的老师，有一次，柏拉图问他："老师，据说您是天底下最有学问的人，那请您告诉我，天地之间的高度是多少？"苏格拉底不假思索地答道："三尺！"柏拉图迷惑地说道："怎么会？我们每个人都有四五尺高，天与地的高度只有三尺，那人还不把天给戳出许多个窟窿来吗？"苏格拉底微笑着说："所以，凡是身高超过三尺的人，要想长久地立足于天地之间，就要懂得低头呀！"从此，柏拉图时刻记住老师的这句话，最终成为伟大的哲学家，并培养出了同样伟大的学生亚里士多德。

读过《三国演义》的朋友，大概还会记得普净法师度关羽时说的那几句话："昔非今是，一切休论；后果前因，彼此不爽。今将军为吕蒙所害，大呼'还我头来'，然则颜良、文丑、五关六将等众人之头，又将向谁索耶？"可以说，在关羽的一生中，我们从来就没有见他向谁低过头，但在普净法师面前，他却不得不低头了。为什么？或许是因为他从普净法师的话语中,领悟到人生的真谛了吧,不是吗?想那关公英雄霸气的一生,最终却难逃"大意失荆州"的厄运。而在他之前的周瑜,尽管雄姿英发,羽扇纶巾,谈笑间,便让曹操的80万大军灰飞烟灭,但也挡不住英年早逝的命运;而在他之后的诸葛亮,尽管"伯仲之间见伊吕,指挥若定失萧曹",但还是摆脱不了"出师未捷身先死"的结局。

我们总是呼唤英雄,可是我们到底有没有想过当英雄真正出现的时候,那将意味着什么?而且,如果英雄总是永不低头、宁折不弯,那么他真的能够成为我们的榜样吗?

其实,学会了低头,也就学会了审时度势,把握全局,小忍大谋;学会了低头,也就能够顺利地跨越生活中那些意想不到的低矮"门框",免受无谓的伤害;学会了低头,也就学会了正视自己,认清自己的错误,并学会改正错误,不断进步。而一时的低头、妥协和忍让,绝对不是懦弱,更不是懦夫,而是一种自省,一种沉思,一种思索,是为了能够更好地抬头。正如暂时的退步,并不是落后,也不是沉沦,更不是败退,而是为了积蓄力量,为了更好地冲刺,更好地前进。

因此,在我看来,低头是为了更好地站立,妥协则是战胜困难的一种智慧;忍让更是一种以守为攻、以退为进的策略。

学会低头,我们就可以在漫漫的人生旅途中,学会保护自己,并不断战胜自己、超越自己;学会退让,我们就可以在纷繁浮躁的尘世中拥有一份洒脱、一份悠闲、一份自在。

任何时候都不要卖弄自己

托马斯·肯比斯曾说:"一个真正伟大的人是从不关注他的名誉高度的。"一个人不会因为自己的成就而傲慢,也就不会抱怨自己命运的悲惨。相反,那些贪慕虚荣、喜欢自我卖弄的人,基本上都不会有太大的成就。

很多人往往都会有虚荣的心理。当一个人在无意中获得了一件心爱的宝物,或办成了一桩得意的事情时,往往喜欢在人前炫耀一番。久而久之,这种炫耀就变成了一种卖弄。

南宋时江西有一名士,他傲慢之极,经常卖弄自己的才华和学识,对普通人更是不理不睬。一次他提出要与大诗人杨万里会一会。杨万里谦和地表示欢迎,并提出希望他带一点江西的名产"配盐幽菽"来。名士一听就傻了眼,他实在搞不懂杨万里要他带的是什么东西,见到杨万里后,说:"请先生原谅,我是读书人,实在不知道配盐幽菽是什么乡间之物,无法带来。"

杨万里则不慌不忙从书架上拿出一本《礼部韵略》,翻开当中一页递给名士,只见书上写着:"豉,配盐幽菽也。"原来杨万里让他带的就是家庭日常食用的豆豉啊！此时名士面红耳赤，方恨自己读书太少，不应该时常卖弄自己的才华和学识。

很多时候，我们在不知不觉中也会像那位名士一样，喜欢卖弄自己。而这种卖弄有时就像是毒药，会让你上瘾，最后往往会本末倒置。

有一位求职者到一家公司面试，此人文采出众，能力过人。获得了主考官的青睐，面试通过了。主考官告诉他："请你在一周内等候我们的复试通知。"然而，这位求职者竟然很傲慢地"通知"主考官："请在三天内给我答复，因为已经有好几家单位都给我打来了录用的电话。"正是因为这一句话，使主考官对他所有良好印象顿时烟消云散。

于是，主考官收起笑容，冷冰冰地回答："既然这么多单位争着要你，那就请便吧！"结果，这位求职者只能另寻他路。

在这个案例中，这位求职者本来想"语出惊人"，自我卖弄一下，想凭借"精彩"之语让主考官反过来求他，不料却掉进了自己设下的陷阱中。

其实，古人早就已经告诉我们，为人处世要谨言慎行，无论是"多语"还是"惊人语"，往往都会犯下一些无法挽回的错误。恰恰是那些平常不太开口的人，一说起话来，条理分明，让人佩服。

然而，在现实的社会中，总是有许多矫揉造作的卖弄者，想通过故意显露自己的才华获得他人的喝彩，以满足自我的虚荣心。却不知道自己这样做常常会引发他人的厌恶,甚至是鄙视。有些人为了在别人面前卖弄自己所谓的知识底蕴,逮住一个人就说个没完,自以为头头是道,但说来说去还是那些陈谷子烂芝麻。

有多少人为了"语不惊人死不休",到头来却弄巧成拙。如果只是一般性的交谈,出现一些口误倒也没什么,但如果在公众面前演讲也犯这类低级的错误,那就真的贻笑大方了。

必须承认,在我们每个人的身边,因为欲求"出众"而多言,因为多言而失言者的确是大有人在。

俗话说:"话多不如话少,话少不如话好。"而要真正领悟这句话的含义,就要先做到"饱知世事休开口,纵会人前只点头",因为"知事少时烦恼少,识人多处是非多"。这些忠告,自然来自社会的经验,这对那些喜好卖弄口舌者而言,其教益是毋庸置疑的。

元代王冕《墨梅》诗中说道:"不要人夸好颜色,只留清气满乾坤。"对我们来说,卖弄只会成为我们前进道路上的累赘。当我们懂得抛弃这些累赘,以一种轻松、纯净的心态去面对我们漫长的人生之路时,就会发现,人生之路充满了阳光,也充满了希望。

有一种功力叫内敛

古人云："木秀于林，风必摧之。"锋芒毕露，不一定能够得到别人赏识，有时候还会让掌权者产生妒忌，如曹操妒杨修之才。如果自己无才，却在大庭广众之下极力表现自我，则无异于班门弄斧，拙笨之处暴露无遗，给别人留下可乘之机。

老子说："大巧若拙，大辩若讷。"自古以来，有分寸的人皆内敛低调，善于隐藏自己，以静制动，一旦时机成熟，便伺机而起，大显身手。

在《三国演义》中，心怀大志的刘备遭到吕布的暗算，只好暂时归顺曹操。为了隐藏自己的大志，刘备便在自己的后园种菜，而且每天亲自浇灌，装成胸无大志的样子，以此来迷惑曹操。曹操也知道刘备是一个不甘寂寞的人，不可能每天只是种种菜而已，但又不知道他的野心到底有多大。为了试探刘备，曹操于是约他"煮酒论英雄"。

席间，曹操有意和刘备探讨谁是当世的英雄，刘备于是说出袁术、袁绍、刘表、孙策、刘璋、张绣、张鲁、韩遂等当时割据一方的诸侯，但这些人均被曹操一一否定，并指出真正的英雄应该"胸怀大志，腹有良谋，有包藏宇宙之机，吞吐天地之志"。刘备于是问道："那当今之世，

谁能称得上英雄呢？"曹操微微一笑，指了指刘备，又指了指自己，说："当今天下的英雄，就是你和我啦！"

刘备听闻此言，顿时大惊失色，吓得筷子都掉在地上了。恰巧此时天上打了个响雷，刘备于是趁机说道："这雷声真是太响，吓了我一大跳。"巧妙地将自己内心的慌乱掩饰了过去。

俗话说："满招损，谦受益。"才华出众而喜欢自我炫耀的人，必然会招致别人的反感，吃大亏而不自知。这个世界上才能高的人很多，但有分寸的人却并不多，同样一部《三国演义》，死于曹操手下的有才之士数不胜数，如孔融、杨修等，皆因他们不善于隐藏自己，才死于非命。

《易经》说："君子藏器于身，待时而动。"无此器最难，有此器不患无此时。锋芒对人来说，有的是害处，而好处却很小。这种锋芒好比是额头上长出的角，额上生角必然会很容易触伤别人，如果你不去想办法磨平自己的角，时间久了别人也必将去折你的角，角一旦被折，其伤害就会更大。

王少杰之前在一家外资企业上班，已经有五年的工作经验，后来因为私事转到现在这家公司。刚工作不久，有一天部门经理就对他说："你'能力'很强，我随时准备交班。"

王少杰心底里觉得自己也应该代替他，因为经理是自学成才的，知识和修养存在先天不足。而王少杰在工作中独立、有主见、工作能力强，经理和他比起来逊色多了。由于个性率直，王少杰在讨论一些工作问题时，向来直来直去，为此他常与经理发生争执。虽然经理有时对他也有一定的暗示，但他却不以为意。久而久之，经理便渐渐疏远他，对他也开始防备，让他渐渐失去了施展才能的舞台。

王少杰的失败是肯定的，办公室中在追求优秀与卓越的同时，千万不要过分张扬，否则只能给自己、给工作带来障碍。所以说做人要低调一些，做事要考虑别人的感受。在需要关心的时候关心同事，在工作上该出力的时候全力以赴，才是聪明的表现。而那些见缝插针、一有机会就刻意表现自己的人会给人一种矫揉造作的感觉，一定得不到大家的喜欢。特别是当你的风头盖过了主管甚至老板，那么他们很可能会让你吃不了兜着走。

在当今竞争日益激烈的社会，表现自己，使自己获得提升的机会，无可厚非。但是，表现自己也要分场合、分方式。在表现的时候，态度一定要诚恳，尽量不要让你的表现看上去矫揉造作，好像是做样子给别人看似的。特别是在众多同事面前，如果只有你一个人表现得特殊、积极，往往会被人认为是故意推销自己，那样就会得不偿失了。当然，除了在得意之时不要张扬外，在失意的时候，也不能在公开场合向其他人诉说上司的种种不对。要是这样，不但上司会厌烦你，同事们更会对你不屑，你以后在单位的日子肯定不好过。最好的选择就是，隐藏自己的锋芒，然后适当地表现自己。

一般说来，大多数的人对于被人超过并不太介意，但却没有一个人喜欢在智力上被人超过，尤其是领导。因为智力是人格特征之王，冒犯了它无异于犯了大忌。如果你处处表现得比你的上司聪明，那么你就有被打入"冷宫"的危险，甚至让你卷铺盖走人。那么此时，你就只能"有苦肚里咽"了。

别不把自己当回事，也别太把自己当回事

迈兹纳曾有一句名言：不要把自己看得太重要，没有你，事情一样可以做得好。不要把自己太当回事，坦诚而平淡地生活，没有人把你看成卑微、怯懦和无能的人。如果你太把自己当回事，从而四处炫耀，那样别人倒不把你当回事。

每个人都有自己的技能和特长，在某方面的特殊才能，使我们具有了独特的风格和个性，这是可喜的。但要记住，别太把自己当回事，恃才傲物、目空一切、自以为是的结果往往是让自己错过更多的机会。

晏子是齐国人，他历任齐灵公、齐庄公、齐景公三朝的卿相，辅政时间长达50余年，是春秋时期著名的大政治家。

晏子有一个车夫，身高八尺，威武健壮。有一天，车夫回到家时，妻子突然提出要跟他离婚。车夫不明其意，便问妻子是怎么回事，妻子对他说："我今天从门缝中往外看时，发现你驾车从家门口路过，车上坐着晏子，他虽然是卿相，名震诸侯，但他的态度却是那样谦卑；而你身高八尺，只是他的奴仆，却显得傲气十足，得意扬扬，你是一个没有

出息、没有志向的人，跟你这样的人过又有什么意思呢？"那位车夫听了妻子的话，马上就意识到了自己的过错，于是当即向妻子道歉，并表示要改过。

第二天，那位车夫给晏子驾车时，态度和以前有很大的不同，不再那样扬扬得意了。晏子于是问明原因，车夫便将自己妻子的那番话告诉了晏子。晏子听了之后，心里十分高兴，但并没有多说话。但从此以后，晏子便开始有意培养自己的车夫，并一步步提拔他。而那位车夫后来即使当了大夫，对晏子仍然格外敬重。

其实，晏子的每一位朋友都和那位车夫一样，对晏子极为恭敬。不是因为晏子的地位，而是因为晏子对朋友的态度也十分恭敬。

凡是太把自己当回事的人，往往显得很傲慢。而傲慢其实是人生路上的一大陷阱，只有杜绝傲慢，你的人生之路才能走得更远。古人讲："君子宽而不慢。"综观古今中外成大事者，都是虚怀若谷、好学不倦、从不傲慢的人。

曾国藩，这位雄才大略的人物行事就非常低调，他力倡"戒傲"。他曾给家中的四位弟弟写信说："吾人为学，最要虚心。尝见朋友中有美材者，往往恃才傲物，动谓人不如己，见乡墨则骂乡墨不通，见会墨则骂会墨不通，既骂房官，又骂主考，未入学者，则骂学院。平心而论，己之所为诗文，实亦无胜人之处；不特无胜人之处，而且有不堪对人之处。只为不肯反求诸己，便都见得人家不是，既骂考官，又骂同考而先得者。傲气既长，终不进功，所以潦倒一生，而无寸进也。"以此告诫弟弟们不要恃才傲物，不要看不见别人的优点。傲气一旦增长，则终身没有进步。

除此以外，曾国藩还用其他人因傲气而不能有所成就或被人笑话的故事来告诫弟弟们，他写道："三房十四叔非不勤读，只为傲气太胜，自满自足，遂不能有所成。京城之中，亦多有自满之人。识者见之，发一冷笑而已。又有当名士者，鄙科名为粪土，或好作诗古文，或好讲考据，或好谈理学，嚣嚣然自以为压倒一切矣。自识者观之，彼其所造曾无几何，亦足发一冷笑而已。"并总结道："故吾人用功，力除傲气，力戒自满，毋为人所冷笑，乃有进步也。"

人贵有自知之明，一个人要正确认识自己是很不容易的。傲慢的人要么自以为有知识而清高，要么自以为有本事而自大，要么自以为有钱财而不可一世，要么自以为有权势而以势压人。殊不知，山外有山，楼外有楼，还有能人在前头。

有分寸的人从不吹嘘自己的才华，他们总是在别人面前保持低调，不让他们感到压力。尤其是在和身份高的人相处时，要明白他们总是希望自己的地位安稳，并在智力、机敏度及魅力方面优于其他人，这样你不妨成人之美，赢得他们的认可和喜爱，你也将从他们那里获得你想要的。

先放低自己，才能抬高自己

西方有一位哲人说过：想要达到最高处，必须从最低处开始。能够看小自己，放低位置，降低姿态，不但会减少别人的中伤和嫉妒，也会为自己迈向更高的目标扫清障碍。这既是一种自知之明，也显示出一种豁达大度。

宋代时，吕端和寇准同拜参知政事，但吕端主动"低人一等"，要求把自己的名字排在寇准之下。同时，吕端这个人既不会钻营，又不会拉关系，好像什么事也不计较。因此，许多人暗地里议论他是"糊涂鬼"。后来，宋太宗要拜吕端为相，消息一传出去，众人哗然，不少朝官对太宗说："吕端这样的糊涂鬼怎么能担当宰相这样的重任呢？"太宗说："吕端小事糊涂，大事不糊涂。"

就在吕端拜相后不久，叛将李继迁骚扰西北边境，朝廷的官兵抓到了李继迁的母亲。太宗与寇准商定，准备将她在北门外斩首示众，以警告叛逆。吕端听到这个消息后，马上找太宗说："斩了他的母亲，李继迁就能捉到吗？如果捉不到，这样做更坚定了他的叛心。不如先把他的母亲奉养起来，这样我们还能争取主动。"太宗一听，马上就明白过来，

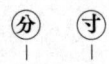

并说:"此言极是,我险些误了大事。"后来的情况果如吕端所料,李继迁再也不敢叛乱了。

吕端虽然主动低寇准一等,但是做事却是高人一筹,从中我们可以看出来,吕端的糊涂只是外在的,而胸中的分寸才是他的功夫。所以,要想"高人一等",不妨先学会"低人一等"。

乔治·华盛顿是美利坚合众国的第一任总统。他正是靠着他那平易近人的领导风格赢得了千万美国人的尊重和拥戴。华盛顿虽然是个伟人,但他若在你面前,你会觉得他普通得就和你一样,一样诚实、一样热情、一样与人为善。

有一天,他穿着一件过膝的普通大衣独自一人走出营房,但并没有一位士兵认出他来。当他来到一条街道旁边时,看到一个下士正领着手下的士兵筑街垒。那位下士双手插在裤袋里,站在旁边,对抬着巨大水泥块的士兵们喊道:"一、二,加把劲!"但是,尽管下士喊破了喉咙,士兵们也经过了多次努力,还是不能把石头放到预定的位置上。他们的力气几乎用尽,石块眼看着就要滚下来。这时,华盛顿疾步跑到跟前,用强劲的臂膀顶住石块。这一援助很及时,石块终于被放到了预定的位置上。士兵们转过身来,拥抱华盛顿,表示感谢。

华盛顿转身向那个下士问道:"你为什么光喊'加把劲'却不帮一帮大家呢?"

"你问我?难道你看不出我是这里的下士吗?"那个下士背着双手,霸气十足地回答道。

华盛顿笑了笑,然后不慌不忙地解开大衣的纽扣,露出他的军装:"按衣服看,我就是上将。不过,下次在抬重东西的时候,你也可以叫上我。"那个下士这时候才明白自己遇见的是谁,顿时羞愧难当。

放低自己,其实不会使自己变矮,也不会使自己的身份降低,相反会让你得到更多的机会,因为只有谦卑的人,才能真正学到东西,才能得到更多的认可。泰戈尔说过:"当我们开始谦卑的时候,便是我们接近伟大的时候。"的确,大海之所以成为大海,那是因为它的位置比所有的河流都低。

以屈为伸，以退为进

拳头，只有收回来才能出击！如果一个人心无分寸，不明白藏巧于拙、以屈为伸的道理，就必然会急于求成，不讲策略和方式，这样必将限制才华的发挥，影响自己的前程。

洪应明在《菜根谭》中写道："藏巧于拙，用晦而明；寓清于浊，以屈为伸。真涉世之一壶、藏身之三窟也。"这实际上是告诉我们，即使再聪明灵巧，也要显得笨一点；即使再清楚明白，也要显得糊涂一点；即使人格再高洁，也要显得世俗一点；即使再有能力，也不可激进。这才是立身处世的法宝。

从前，弟子们为了纪念关于龙虎寺由来的神话，在寺庙照壁上画了一幅龙争虎斗图。画中龙腾云海，俯瞰欲下；虎踞山顶，威风凛凛。单看那虎和龙，人们不由得惊叹于弟子们的高超画艺。可是，将整幅图画组合起来一看，却又不怎么生动了，显得形似而神离。

弟子们去请教师傅，师傅看后语重心长地说："飞龙在天，下击之前，身躯必然向后曲缩；猛虎踞地，上扑之时虎头定要尽量压低。龙曲得越弯，向前飞腾得越快；虎伏得愈低，往上跳跃得越高。"

弟子们恍然大悟，说道："原来我们把龙身画得太直，龙头也太靠前了；而猛虎的头则仰得太高，应该让它四肢后蹲，犹如箭在弦上。"

师傅听了，点头笑言："是这样的，为人做事，参禅悟道，也是一样。经过后退几步的准备，才能跳得更高更远；历经谦卑的反省，才能弹射得更高。所以，你们要切记，向下是升高，退步是向前。"

在我们的人生道路上，很多人往往这样以为，只有不断前进，只有勇往直前，才被认为是进步的，才被认为是充满无限风光的。的确，一个人如果始终保持着进步，始终走在别人的前面，始终引领时代潮流，确实能够得到更多的赞赏和羡慕的目光。但我们却往往忽略了，适当地退步，有时候是为了更好地冲刺。如果我们经常能够做到虚怀若谷地低下头来，往往就能够帮助我们更清醒地认识自己。

是的，有时候低头与退步，并非消极，也并非懦弱。那是一种态度，看似愚拙，实则是一种智者的风范；那是一种姿势，看似弯曲，实则是一种蕴藏着力量的境界；那是一种心法，看似平凡，实则可以锻造勇气，锤炼品性；那是一种通透，看似暗淡，实则闪现着智慧的光芒。这正如布袋和尚诗云："手把青秧插满田，低头便见水中天。心地清净方为道，退步原来是向前。"

拿捏尺度

赞美可以投其所好,
但不要刻意讨好

有分寸的人懂得抓住对方感兴趣的事情,适当地投其所好,这不仅是出于拉近彼此关系的考量,更是表达自己的善意和尊重。

聊聊对方的得意之事

虽然人们常常说"好汉不提当年勇",但实际上,绝大多数人都很乐意提及自己的"当年勇",并且在这个过程中会表现出亢奋的状态。原因无他,只因为这些"当年勇"是他们值得骄傲的经历,是他们一生的得意之事,更是记录他们辉煌的载体。

与人交往,我们如果能适时地说一些对方的得意之事,必然会引起对方与我们交流的兴趣,拉近彼此的距离。想让对方乐意接受我们,这是一个很好的方法。

有一次,柯达公司创始人伊斯曼打算建造一座音乐堂、一座纪念馆和一座戏院。为承接这批建筑物内的座椅,许多制造商展开了激烈的竞争。

亚当森希望得到这笔生意,就去拜见伊斯曼。伊斯曼的秘书告诉他:"先生,与伊斯曼先生谈话,最好不要超过5分钟,他很讨厌别人占用他太长的时间。"

之后,亚当森如愿见到了伊斯曼,伊斯曼道:"先生有何见教?"

亚当森答道:"伊斯曼先生,在我等您的时候,我仔细地观察了您

这间办公室。我本人长期从事室内的木工装修,但从来没见过装修得这么精致的办公室。"

伊斯曼笑了起来:"这间办公室是我亲自设计的,当初刚建好的时候,我喜欢极了。但是后来太忙了,一连几个星期我都没有机会仔细欣赏一下这个房间。"

"真的吗?那先生真是太有品位了,依我看,这里的桌椅大多是从英国进口的橡木,木质紧实细致,伴有芳香味……"亚当森的话,让伊斯曼不住地点头。

最后,两人一直谈到中午,伊斯曼甚至还邀请亚当森共进午餐。

其实,人际交往中,最重要的就是能够抓住对方的兴趣,使对方对我们产生好感,愿意与我们相处。只有建立在这个前提之下,双方才有进一步交流的可能,而要做到这一步,就必须先打动对方。有分寸的人,就懂得把握人的心理,让对方注意到自己。

不管是什么身份、地位,每个人都有他自己的"峥嵘岁月",一说起在这些日子里所经历的事情,他们必定眉飞色舞,情绪高涨。这是因为我们绝大多数人都有分享的欲望,而那些值得自己骄傲的事情,就成了与人分享的首选。毕竟没人喜欢把自己出丑的经历告诉别人。因此,与人交谈,想要赢得对方认同,不妨多谈谈他的得意事。

当然,并不是所有的交谈中,我们都能提前知道对方的得意事,很多时候,需要我们自己在谈话的过程中挖掘。那么,在不熟悉的情况下,如何找到对方的得意之事?有分寸的人往往会根据交谈对象自身的素质和气质,抛出一个个与之对应的话题。

和聪明的人交谈时，要展现出渊博；和博学的人交谈时，要展现出善辩；与善辩的人交谈时，要展现出主次有分；与高贵的人交谈时，要展现出有气势；与富贵的人交谈时，要展现出优雅；与贫穷的人交谈时，要展现出利益；与卑贱的人交谈时，要展现出谦让；与勇敢的人交谈时，要展现出敢担当；与愚蠢的人交谈时，要展现出聪慧。

一个人从事什么行业，自身处在什么层次，那么他们的得意事大多也与之相关。这就好比一个将军，他最自豪的事肯定多出自战场上，而不是哪个酒店的后厨。因此，与这样的人相处，我们就需要多引导对方讲关于部队和士兵的事，慢慢地，随着话题展开，他就会自然而然地讲述自己当年如何厉害。这就是我们常说的"看人说话"。

总之，欲动其人，先动其心；欲动其心，先动其情。一个有分寸的人，要想在事前博得别人的好感，就一定要学会赞美。赞美不是胡诌，要有策略，做一个有心之人，学会把握人心，通过多讲对方的得意事，让赞美成为你人际交往的一把利器吧！

遇物加钱，逢人减岁

人们常说"遇物加钱，逢人减岁"。什么意思呢？就是说，当我们评价别人的一件东西时，一定要往贵了说，而称呼别人时最好往年轻了喊，这是尊重，更是赞美。

高惠敏最近买了一套样式挺不错的西服，邱颖知道市场行情，这种衣服两三百元完全能够买下来，于是猜测价格的时候就故意说："这套西服不错呀，至少得花四五百元吧？"高惠敏听后非常高兴，笑着说："哈，你没想到吧，我花200元就买下来了！"比如，某人购买一件商品，花了60元，旁边有人却说只需30元就能买到，这人一定会有一种失落感，觉得自己太不会讲价。与之相反，如果他花30元买了一样东西后，别人却认为需要60元才能买到，他就会产生一种兴奋感，觉得自己砍价很在行。

正是基于这种心理，"物往贵处说"就成了一种约定俗成式的赞美方式，操作起来既简单又方便，我们只需将对方购买的东西高估，将对方的年龄"低估"就行了。

拿捏尺度
赞美可以投其所好，但不要刻意讨好

现实里，不论男女，谁不希望自己年轻一点，老得慢一点，能力强一点，在别人眼中表现得能干一点？"物往贵处说，人往年轻讲"，恰好迎合了人的这种心理。也许有人觉得这很虚伪，是赤裸裸的欺骗。但很多时候，一个人如果太"老实"，那也不好。

试想一下，面对20出头的女孩儿，你叫人家"大姐""阿姨"；小伙伴新买了手机，你说这东西现在不值钱，很便宜就能买到……这叫对方心里怎么想，换作你，你会高兴吗？但如果将那女孩儿称为"美女"，对伙伴的新手机进行高估，情况就不一样了。即使我们说得并不对，却说到了对方的心坎儿上，令其对我们产生了好感，何乐而不为呢？

所以说，有分寸的人通常不会说"老实话"，他们会把自己的交谈对象轻微拔高，以此赢得对方的认可和接纳。当然，我们在进行"价格高估"或"年龄低估"时也需要注意，"估价"之前要对估价"对象"做到心里有底，不能过于失真，以免不切实际。

比如，当对方很明显是一个中年往上的妇女时，诸如"哇，您看上去真年轻，保养得真好，我猜您应该还不到40岁"之类的话最好省省，这不是在赞美对方，而是无情地讥讽和嘲笑。别人都看得出来她的年纪已经不小了，你还把"年轻""保养"等词汇用在对方身上，只会让对方感觉你是在刻意羞辱她，不然，怎么会说出这么荒谬的话？

太过失真的"估价"，已经失去了它本身的意义，毕竟，人们喜欢的是给别人留下好的印象，而不是像傻瓜一样被愚弄。所以我们在将对方进行"估价"时，也要把握分寸。除此之外，我们还要分清对

象，并不是所有人都喜欢对自己的年龄做"减法"。

对大多数未成年人来说，他们渴望的是长大，是别人对他们说一句"你成熟了""你长大了"，这意味着他们得到了认可，是对他们成长的肯定。与这样的人交谈，如果我们来一句"你看上去好年轻，还没成年吧"，对方可能就会认为我们是在轻视他，嫌弃他不够成熟，不够懂事。一旦产生这样的想法，他们就会非常抗拒与我们交谈了。

所谓万事有度可量，万物有尺可量，物极必反。"物往贵处说，人往年轻讲"一样要遵循这个定理。其实，这就是投其所好。当然，我们的出发点是光明正大的，无论对自己、对方还是社会，都是没有害处的。相反，这种说话的技巧往往能给对方、给社会带来正能量。对于这样的"美丽的错误"与"无害的阴谋"，是值得我们提倡的。

赞美本就是说人好话，让人开心的行为，所以，会说话的人在赞美别人的时候，一定要注意投其所好，要挠到对方的"痒"处，只有这样的"恭维"才是有效果的。如果你不懂其他的赞美技巧，那不妨从"遇物加钱，逢人减岁"开始吧，也不失为聪明之举。

谈对方感兴趣的话题

聊对方得意的事，能勾起对方跟我们交流的兴趣，而谈对方感兴趣的事，则能打开对方的话匣子，使其彻底投入与我们的交谈中。所谓志趣相投，便是如此了。

卡耐基说过："如果想要交朋友，并成为受人欢迎的说话高手，就要用热情和生机去应对别人。接触对方内心思想的妙方，就是和对方谈论他最感兴趣的事情。"

美国耶鲁大学文学教授、散文家威廉·菲尔普斯曾在《人性》中写道：

在我8岁的时候，有一次周末在我姑妈家玩，其间一位中年男子来姑妈家做客，一阵寒暄过后，他把注意力转移到了我的身上。

当时我正巧对船舶很感兴趣，于是来访者便与我讨论起这个话题，他谈话的方式在我看来非常吸引人。在他走后，我激动地谈起这位来访者——他真是个学识渊博的人！

姑妈告诉我，他是纽约的律师，其实对船舶一丁点儿都不关心，他对这个话题其实半点兴趣都没有。他之所以总谈论关于船舶的话题，是

因为他是位绅士,他看出来我对船舶很感兴趣,于是就谈一点自己有所了解又能让我开心的东西,这样能使他更受人欢迎。

一般情况下,当人们遇到自己感兴趣的话题时,就会投入十二分的热情,而在现实生活中,每个人都有他感兴趣的东西,汽车、文学、娱乐、科学研究……所以,在人际交往的过程中,想和别人聊得投机,就需要学会从对方感兴趣的话题开始说起。

俗话说:"酒逢知己千杯少,话不投机半句多。"遇到和自己有共同话题的人,往往能够很快接受对方,而遇到一个兴趣不合的人,哪怕半句话也不想与他说。可见,说对方关心和感兴趣的事,本质上就是激起对方谈话的欲望,使对话能够进行下去。

而且,从个人的表达能力上来说,虽然不是每个人都能言善辩,但在自己感兴趣的领域,每个人都能侃侃而谈,而且充满了激情。比如,你跟一个爱好汽车的人谈汽车,他必然会舌灿莲花;相反,你跟一个热爱游戏的人谈书籍,他将会非常反感。

因此,谈论别人关心的事,其实也是一种隐性的赞美,会让对方生出成就感,不至于在交谈中陷入"不知道该说什么"的尴尬境地。自然,用这种方法来博取对方的好感和维系彼此的感情,也是非常有效的,没有人能够拒绝一个兴趣相同的朋友。

美国第26任总统西奥多·罗斯福,就是一个精于此道的人。据文献记载,但凡拜访过他的人,都会对他渊博的知识感到惊讶,有人甚至回忆说:"无论对方是一名牛仔,还是一位骑兵,抑或是纽约政客、外交官,罗斯福都知道该对他说什么话。"

罗斯福是怎么做到的?原来,每当有人来访的前一天晚上,他都会翻读这位客人特别感兴趣的话题的资料。他知道,找准话题,是打动对方心灵的最佳方式。

可见,想要准确把握对方感兴趣的事,并不是那么容易就可以做到的,我们必须花时间去了解这个人,只有真正了解了这个人,我们才能把握其感兴趣的事。

那么,除了事先了解对方,还有没有什么其他方法能够帮助我们把握对方感兴趣的事呢?比如,当我们临时约见了一位不太熟悉的人时,在这种情况下,又该如何谈及对方感兴趣的事情?老实说,这个时候我们能做的就是多找话题,一个个试探。

当然,在这个试探的过程中,我们一定要谨慎对待,细心观察,留意对方的每一个细节变化。一旦对方对某个话题产生抗拒甚至厌烦的情绪,我们就应该立刻抛弃这个话题,如果因为某个话题不合对方胃口,让对方对我们产生反感,那就太可惜了。

通常情况下,当我们与不太熟悉的人或者陌生人交谈时,在不知道对方兴趣爱好的前提下,比较稳妥的方式之一是从对方从事的工作说起。毕竟,对大多数人来说,对自己所从事的工作还是比较感兴趣的。另外,我们也可以从时下比较热门的话题入手,热点时事、历史文章、科学前沿、旅行见闻……总有一个话题是对方比较感兴趣的。

当我们去了解一个人的爱好和兴趣的时候,我们就能快速地弄明白，他喜欢什么方面的东西。如果我们恰好在这方面又了解颇深，就可以与对方相谈甚欢了。

总而言之，当我们对别人感兴趣的时候，就是别人对我们感兴趣的时候。有分寸的人懂得利用对方感兴趣的事为自己铺路架桥，以快速实现双方的深度交流。

赞美不能过于刻意，要真诚

赞美的好处不言而喻，马克·吐温就曾说过："我能为一句赞美而不吃饭。"但是如果为了赞美而奴颜婢膝，刻意讨好对方，那就不是赞美，而是给人做"奴才"了。

赞美的方式、次数，以及程度，要因不同的场合、对象而有所区别，如果盲目赞美，很可能会适得其反。也就是说，适度的赞美能赢得好感，过度的赞美会惹人厌。

刚进公司的时候，王超然就知道自己的上司喜欢喝茶，而他家是云南的，在那种耳濡目染的环境下，他对茶也有一定的研究，家里也有几亩茶园。春节回家的时候，他就从自家茶园给上司带了一些茶叶。上司在收到他的礼物后非常高兴。

有一次，部门要举行茶话会，急需大量茶叶，上司就找到了王超然，表示希望他能为这次活动提供茶叶。一位跟王超然要好的同事连忙给他使眼色，让他赶紧答应下来。王超然明白这位同事的意思，无非是帮了上司这个忙之后，能更讨他欢喜罢了。

不过，王超然却没有立刻答应，而是说道："领导，如果我提供茶叶的话，最多只能按市场价的八折走，毕竟那是我父母的经济来源，一家人靠它吃饭呢。上次给您带茶叶，那是我个人对您的心意，而这次是公司活动所需，我可能不能无偿提供。"

本以为上司听到这话后会生气，没想到对方竟然笑着说："那是应该的，小王啊，你能将事情分得这么清，很不错，就按你说的办，打八折，不过要快啊！"

与人交往，适度地投其所好，体现的是我们对对方的尊重、看重和在意，这是一种礼尚往来的交际礼仪。毕竟，没有谁会真正拒绝与一个对自己心怀敬意的人交往。但如果将这种投其所好放大，变成刻意讨好，那就很容易引起别人的反感和猜忌了。对方会想，这个人这般处心积虑讨好我，是不是想从我身上得到些什么，又或者是想害我？

一旦对方产生这种想法，就会在心里竖起一道墙，在接下来的交往中，就很难让他付出真感情了。生活不是演戏，很少有人会在明知对方对自己有所企图的情况下，还继续跟他交朋友，即使还有人际场合上的来往，也不过是怀着彼此利用的心思罢了。

比如，公司来了一位漂亮的新同事，一般而言，称赞对方一句"你好啊，美女"或者"你很漂亮"，给人留下良好的初次印象就够了。但如果还要不停地找形容词赞美她，就会引起她的警惕，以为你对她"有意思"，搞不好人家就会对你敬而远之了。

因此，与人交往时，我们一定要注意赞美的尺度，可以投其所好，以动其心，但绝不可以刻意讨好，自贬身价，平白让人瞧不起。

拿捏尺度
赞美可以投其所好，但不要刻意讨好

通常情况下，谄媚的人都是惹人厌的，给人一种随时觊觎别人好处的感觉，这样的赞美是失败的，是没有任何意义的。此外，在一些严肃的交际场合也不宜过多赞美别人，以免与整个气氛不协调，影响表达。

不过，当下有很多人对"投其所好"这种行为存在误解，认为这就是小人行径，是可耻的，以至于不屑这样做，其实我们大可不必这么极端。

诚然，在职场中，有很多人利用"投其所好"这种行为，为自己谋取私利，危害整个团队、部门和企业。但是，这是使用者本身的素质所决定的，跟这种行为本身无关。从本质上来说，投其所好是人际交往中的一种基本礼仪，更是对他人的尊重。

试想一下，明知道对方忌口，不吃荤食，结果每次聚会的时候都只点荤菜，这岂不是无视对方的感受？再比如，明知道对方是某某明星的狂热粉丝，结果在跟他相处的时候，总是有意无意地谈起那位明星的一些负面新闻，这难道不也是一种伤害吗？

有分寸的人懂得抓住对方感兴趣的事情，适当地投其所好，这不仅是出于拉近彼此关系的考量，更是表达自己的善意和尊重。告诉对方：你喜欢的东西很好，我也很欣赏。这样一来，对方就会感觉自己得到了认同和支持，不管双方接下来是否会成为朋友，但至少不会起冲突。谁也不希望自己眼中的美好被别人评为垃圾，不是吗？

总而言之，与人相处，赞美必不可少，但与此同时，我们也需把握其中的尺度，万不可从一个极端走向另一个极端。刻意的讨好和迎

合，只会让人在心生警惕的同时，降低对我们的评价。一个有分寸的人，应该将自己放在与对方平等的位置上，然后运用一些小技巧，使得彼此能够快速增进感情，而不应该将自己视作"奴才"，对人卑躬屈膝。

把"不对"统统改成"对"

"你说得不对,这个问题应该是这样的……"

人际交往中,很多人喜欢将"不对""你说得不对"这样的字眼挂在嘴边,也许他们本身并没有恶意,但给人的感觉却不怎么美好,以至于多数带有"不对"等词的谈话,最后闹得不欢而散。更有甚者,交谈双方为此发生激烈争执,互伤感情。

人们大多倾向于自己是对的,讨厌别人说自己"不对",但很多人常常忘了这一点。还有的人,在与人交流时,否定别人的话张口就来,以为这样可以让自己更引人注目,显得自己有见解,进而引起别人的崇拜。实则不然,这样说只会令人抗拒和反感。

生活中的无数例子告诉我们,当一个人被另一个人否定时,他首先想到的是寻找理由来为自己辩护,而在这个辩护的过程中,往往就容易"擦枪走火",加剧矛盾。再加上对方如果一味强调"你说得不对"这种言论,最终结果必然是越辩争执越大。

但是,如果我们在评论、说服别人的时候,能够先说一声"你说得有道理",营造出一种"是"的氛围,那情况就完全不一样了。对方会觉得自己的想法得到了别人的赞同、接受和鼓励,哪怕接下来会

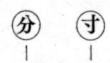

得到一些改进性的意见，他也会愉快地接受。

潘惊涛在商场里买了一双靴子，当时穿着还没什么感觉，没想到穿了没几天，鞋帮就坏了，拿去修鞋的地方一看，才知道这双鞋原本就有问题。一想到这是800块钱买的鞋，竟然还没穿一周就坏了，气得他特意向上司请假一天，前往商场讨说法。

等到销售员弄清他的来意后，顿时知道麻烦大了，一个不好，急红眼的潘惊涛就有可能在此大闹一番。想到这里，销售员柔声说道："你现在的心情我十分理解，如果换我买到这样的鞋，也会很生气，甚至还会大吵大闹一番。"销售员的这番话，让潘惊涛的怒火稍稍平息了几分，他觉得这位销售员还是挺客观的，没有跟他狡辩扯皮。

于是，潘惊涛收住怒火，申明务必给自己换双新鞋，销售员也表示同意。最后，在好言好语的沟通下，潘惊涛拿到一双新鞋，鞋店则避免了一次信誉危机。

就某一问题发表看法，有不同意见很正常。然而，很多人喜欢把自己的观点建立在否定他人的意见上。这就容易陷入尴尬境地，进而得罪对方。人际交往中，破坏力最强的三个字莫过于"你不对"，一味否定，甚至能使朋友变敌人，敌人变仇人。

因此，当我们想说"你不对"时应该明白，对方不一定会乐意接受，就像我们自己不会虚怀若谷地接受别人说"你不对"一样。所以哪怕对方所持观点与我们截然相反，也要耐着性子听他讲完。每个人看待问题和处理事务的方式都不一样，在对方没有违反基本原则和道德的情况下，我们谁也没有资格去评判对方到底是对，还是不对。

生活中，绝大多数人都不会认为自己比别人差很多，而是认为彼此的能力都差不多。基于这样的认识，当他们被人说"你不对"的时候，就会产生一种"被同级别的人挑错"的憋屈感受，理所当然地也就产生了这样的想法："既然大家的能力都差不多，你又有何德何能来对我做出评价呢，你说我不对就不对吗？我偏不信，我认为自己是对的。"

可想而知，当被我们评价"不对"的人认为我们其实跟他水平差不多的时候，对方通常会感到不服气，会本能地排斥我们的观点，进而更加坚持自己的想法。在这种情况下，由于情绪使然，哪怕对方真不对，恐怕也不会听进去任何正确的建议了。

从心理学的角度分析，如果一个人在主观上不愿听我们说话，那么我们的任何言语都是苍白无力的。所以说，不管对方是真的不对，还是我们以为的不对，想要对方愿意跟我们坐下来好好说话，就必须先营造"是"的氛围，让他愿意听我们说话。

有分寸的人，他们在试图说服一个人的时候，往往会以肯定对方作为开头，比如"我很赞同你的这个想法……""我觉得你说的才是正确的……"通过这样的方式，勾起对方的兴趣，并保证对方不会排斥自己。然后，随着话题深入，他们会引导对方，比如"不过这里还可以改进一下""但如果那样做的话，说不定更有效果"等。

由此可见，与其对别人说"不对"，从一开始就把对方推到自己的对立面，不如学会先说"对"，先将对方拉到自己的阵营，然后共同探讨。彼此有了信任，有了交流意愿，接下来的话才有意义。当然，我们也不可操之过急，只有对方真正对我们放下戒心，我们的引导才能起作用。总之，与人交往，少说"不对"，多说"对"才是硬道理。

多用"我们"和"咱们"

心理学上有一个说法:一个人对自己的关心,要远远大于对其自身之外的一切关心,关注自己是人的天性。所以,在很多情况下,人们总是不自觉地替自己说话。

但是,一些独裁的人,他们对"我"的关注明显偏高,在他们的谈话中,"我"字永远是用得最多的,他们对别人漠不关心,于是与人聊天时常常不欢而散。可以说,在人际交往中,过分强调"我",正是犯了谈话交流的大忌。

亨利·福特二世在描述令人讨厌的行为时,也说过:"一个满嘴都是'我'的人,一个随时随地'我'的人,一个独占'我'字的人,一定是一个不受欢迎的人。"的确,在人际交往中,"我"字讲得越多,就越会给人"突出自我,标榜自我"的印象。

因此,会说话的人,往往会刻意避开"我"字,更多使用"你""您""我们"等字眼。就跟你更喜欢谈论自己一样,对方也更喜欢听到与他们有关的事情。有时候，即使像"你从哪儿来"这样一个简单的问题，也足以说明你对别人感兴趣，从而赢得对方的好感。

事实上，人与人的交流也是这样。《红楼梦》里，描写王熙凤的为人之道时，有这样一段话："这熙凤携着黛玉的手，上下细细打谅了一回，仍送至贾母身边坐下，因笑道：'天下真有这样标致的人物，我今儿才算见了！况且这通身的气派，竟不像老祖宗的外孙女儿，竟是个嫡亲的孙女，怨不得老祖宗天天口头心头一时不忘。只可怜我这妹妹这样命苦，怎么姑妈偏就去世了！'说着，便用帕拭泪。"贾母笑着不让她再提伤心事的时候，她马上换了表情，转悲为喜，"这熙凤听了，忙转悲为喜道：'正是呢！我一见了妹妹，一心都在他身上了，又是喜欢，又是伤心，竟忘记了老祖宗。该打，该打！'"

仔细看去，王熙凤的话说得太妙了，这么长的"演说"，她一次也没有提到过自己，全是在为别人着想，人们对她的印象也是顶好顶好的。

人际沟通的本质，就是有意图地对他人进行控制、引导。一个善于说"我们"的人，是很有领导力和号召力的，是受人欢迎和拥戴的。"我们"这个词，容易让人有参与感，会令对方产生参与意识，使说话者与他人产生共鸣。相比之下，"我"就显得冷漠了些，听在他人耳中，更像是说话者在自我表演，无法将他人拉到同一战壕。

在人际交往中，也许你会发现，那些社交经验丰富的人们，一般很少直接跟你说"我"，都是高喊"我们"。再比如卖衣服的，人家都是亲切地说"咱喜欢什么款式的"。虽然有套近乎的嫌疑，但不可置疑，这招很有效，称得上是人际交往的"助推剂"。

多说"我们"不仅适用于平时的人际交往，也适用于夫妻关系。美国加利福尼亚州立大学曾做过研究，平时总爱说"我们"的伴侣，在面对冲突时更能和平解决，而且他们的生活更幸福。相反，总说"我"的夫妻则矛盾不断。

该项实验采取的是抽样调研法，也就是从大街上抽样随意选取154对"从一而终"的中老年夫妇。研究人员在实验室内，拍摄下这些夫妻15分钟的对话，主要记录其出现矛盾时各自的想法，同时监控他们的心率、体温和流汗程度，以评估其生理状态。

结果显示，在交谈中频繁使用复词，如"我们""我们的"的夫妻，他们的说话语气、神态更相似，争论时的态度也更积极，且出现压力增加的情况更少。而那些喜欢在吵架中强调"我"和"你"的夫妻，更容易在争论中引发对这段婚姻的不满，争吵时间越长，呈现的压力感越大，冲突也就会随之加剧。

研究负责人本杰明·赛德解释："'你我'分明的夫妻更自我，不善于从伴侣的角度思考问题。而更偏向于说'我们'的夫妻，他们的婚姻满足感更强。"

很多人脑海里潜伏着一些不正确的认知。比如，我一定要显得比周围的人强；我说的话一定要听；人人都要注意到我，我才算成功，才算有面子；我不说自己的优点，他们便无法知道，所以让大家注视我的最好方法，就是说自己的优点等。往往就是这种典型的"以自我为中心"的态度，妨碍了我们与他人的和睦相处，这会让我们成为交谈中令人讨厌的"大独裁者"。因此，与人交往，不妨多说"我们"，多拉战友。

找到对方的闪光点，把你的赞美"具体化"

我们经常听到类似"你这个人真好""你这篇文章写得真好"这样的话。但是，这个人好在哪里，这篇文章又妙在哪里，却说不出个所以然。

像这样的赞美，空洞无力，完全没有一个具体的点，别人听完毫无波动，还以为你不过是在客气、敷衍。泛泛的赞美，缺乏细节的点缀，往往给人虚伪的感觉。

春节回家，姚兴在父母的安排下，跟一个女孩儿相亲了。长这么大，他从来没有追过女孩子，又是个不善口才的人，紧张之下更不知道该说什么了。

忽然，就在女孩儿掏出湿巾擦脸的时候，他双眼一亮，很自然地说了一句，"你的手好白啊，也很好看，我从没见过手指这么纤长的手，简直完美。"

女孩儿一听，很高兴地说："是吗？我朋友他们也这样说。"接着，她又问姚兴："你们男生是不是特别喜欢皮肤白的女孩儿？"姚兴笑着说:"倒也不是,一个人美不美,是考虑综合因素的。就拿我的手来说吧,就算我的手跟你的一样白,也没你的好看,我的手指不够长,而且骨肉和关节也不像你那样均匀,所以我才说,你的手好看嘛。"

就这样,姚兴从"手"开始展开话题,把女孩儿说得眉开眼笑的。分别时,女孩儿笑着说:"你这个人太有趣了,和你在一起很开心,我们可以试着相处哦。"

赞美是否具体,意味着你是否真诚和用心。一次真诚的赞美,必然是由心而发,既是由心而发,那必定是具体的,没有人在真心赞美对方时,会只说一句话。

不用心的赞美是虚伪的、客套的,不但起不到赞美的效果,还会让人觉得你是个耍弄心机、溜须拍马之辈。也许有人会说:"有的人是没有什么地方能让人具体赞美的,只能说一些泛泛的辞藻,不求有功,但求无过了,不是每个人都能被赞美的。"

其实,每个人身上都有他的闪光点,只要我们用心去找就一定能发现。懒散的人可以拥有一颗关怀他人的心,不求上进的人也许懂得享受"慢"生活,唯利是图的人也许是一名大孝子。不管是什么人,只要我们从细节入手,就能发现他的闪光点。而一个有分寸的人,往往就能找出这些闪光点,然后用具体的赞美去打动对方,说服对方。

不过,话虽如此,真正与人交往时,我们可能会面临更复杂的局面,比如对方是我们不太熟悉的人,又或者短时间内无法找出对方的闪光点等。那么,面对这种情况时,我们应该怎么办,才能使自己的赞美变得具体呢?不妨采用以下几种方法:

避开俗套话

所谓俗套话，就是大家听烦了的东西，诸如久仰大名、如雷贯耳、百闻不如一见、生意兴隆、财源茂盛等，莫不如是，这些赞美之语简直俗不可耐、味同嚼蜡。用这种公式化的套词，很容易使人觉得你缺乏诚意，给人留下不值得深交的印象。

避开公认特长

赞美对方时，不要拿对方最明显的长处说事儿。大家都知道的东西，你再提又有什么意义呢，除非你能说得空前绝后，否则，最好避开它。比如，当我们与一位商界传奇对话时，如果总是说类似"您真是一个商业天才啊，中国像您这样的人真的太少了"这样的话，对方十有八九会嗤之以鼻。试想，这样的话人家也不知听了几万遍了，还需要我们去说？

从自己说起，引导对方透露信息，然后加以发挥

当我们对桌对面的那个人不太熟悉，不知道该怎么具体地赞美他时，不妨先从自己身上说起。比如，当我们面对一名大书法家时，可以这样说："您太厉害了，能把字写得那么好看，其实我自己也练过字的，但不知道为什么，总是写不出笔锋。"

这样一说，对方多半会指点我们，自然我们也就有机会知道对方更多的信息了，然后再具体地赞美对方。除此之外，面对其他领域的人也是一样，如果实在对对方的行业不清楚，还可以赞美对方待人处事的态度，总之，只要是细节性的东西就行。

赞美可用肢体语言

赞美并不局限于语言。有时候，崇拜的目光，或其他一些夸张性的动作，都能表达我们的敬佩和惊叹，甚至比单纯的语言攻势效果更好。在这一点上，谈过恋爱的人都知道，当心上人用一种崇拜的目光看着你时，那种满足感和自豪感是非常明显的。

总之，一次有价值的赞美，一定要避免流程化和俗套话，更不能让人产生被欺骗、被玩弄的恶劣印象。要想做到这一点，将赞美具体化、细节化是最好的选择。赞美越具体，说明你越在意对方，对他的长处和成绩都了如指掌，对方自然也越感动。

刺猬法则

保持恰当的距离，
才能和谐相处

一个有分寸的人，永远不会仗着关系盲目行事，他们知道，越是关系好才越要注意言行，以免让对方难受。

不要觉得混熟了，就可以随便开玩笑

开玩笑，可以活跃气氛，甚至提高双方交流的意愿，增进彼此的感情。因而，生活中我们很多人都喜欢用开玩笑的方式来拉近、证明彼此的关系。然而，有的时候，玩笑开得不恰当，不但起不到预想的效果，反而会适得其反，将原有的关系破坏掉。

朋友之间，熟悉的人之间，可以随便开玩笑吗？答案是否定的。永远不要觉得彼此混熟了，就可以随便开玩笑，每个人的底线不一样。也许在我们看来无关紧要的话，对别人却是诛心之言，心中之痛。如果我们毫无顾忌地开玩笑，只会得罪人。

刘芳芳和薛晓羽是一对很好的闺密，好到无话不说的地步。但是最近发生的一件事，却让两人险些反目成仇。事情是这样的，由于刘芳芳一直单身，身边的朋友们就想给她介绍一个男朋友。恰好，她自己也有这方面的想法，就默认了闺密们的帮助。

就在半个月前的一个周末，薛晓羽约她一起去爬山，说是男朋友的一个帅哥哥们儿也会加入，介绍他俩认识认识，刘芳芳答应了。不承想，等到爬山的时候，闺密薛晓羽不知道出于什么心理，将刘芳芳的一些非

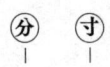

常私密的事儿，以开玩笑的语气说给那位男生听。尤其是她跟前男友的一些私密事件，都被薛晓羽暴露了，刘芳芳感到非常难堪。

最后，忍无可忍的刘芳芳当场发作，对闺密薛晓羽吼道："有你这么开玩笑的吗？那些事情怎么能够随便说给别人听，你们自己玩儿吧。"说完便拂袖而去。

薛晓羽也很委屈，她觉得自己只是开玩笑，并没什么冒犯的地方。

开玩笑要适度，要谨慎，要格外注意语气、用词、时间、地点、场合以及对象和开玩笑的频率。否则，哪怕双方关系再好，也很可能被我们的"玩笑"刺伤。

举个例子，比如在用语上，我们对一个胖子说"胖"，可以是调侃，对人家说"肥"，就有点侮辱了。如果对方是女孩儿，我们叫她"小胖猪"，还有点萌，但说她像"胖母猪"，那就是恶毒的辱骂了。可见，用词不同，所产生的效果是截然不同的。

再比如，我们对平时要好的朋友、同事，偶尔来一句"蠢货""笨蛋""王八蛋"，有可能对方不但不生气，反而会觉得我们跟他不见外，拿他当朋友。但是，如果我们每天都用这些称号来称呼他，那么他的心里就会产生反感，会觉得我们在侮辱他。

"开玩笑"是一把双刃剑，用得好，对我们的人际交往能力有着极大的好处；但若是用不好，同样也会破坏我们的个人形象。很多人只看到了开玩笑的好处，却很少注意其中的奥妙，以至于玩笑开过了头，硬生生将原本关系极好的朋友逼成了陌路。

想要最大限度地运用"开玩笑"的力量，我们就要格外注意交流的对象。在绝大多数失败的"玩笑"中，不注意交流对象，是其中最主要的原因。很多人都以为，只要双方的关系称得上熟悉，就可以肆无忌惮地开玩笑，这是大错特错的。通常情况下，一个人对玩笑的接受程度，源于他自身的性格特点和偏好，而跟他与我们是否熟悉无关。

简单来说，一个内敛、文静、天性严肃的人，哪怕我们跟他相处得再好，也无法让他接受一些放浪形骸的玩笑话。因为在他们看来，这些玩笑是俗气的，与他的审美不符合。这样的朋友，肯定不希望我们成天跟他开荤段子玩笑，即使他把我们当作真正的朋友，也希望我们能文雅一些，而不是油腔滑调地说一些无聊之语。

因此，我们在开玩笑的时候，永远要把对象放在第一位，开玩笑之前先弄清楚对方的脾性，如果对方不喜欢别人开玩笑，那我们就不要强行幽默，逼迫对方接受我们的玩笑话。如果对方不喜欢，而我们"强买强卖"，必然是费力不讨好，好心办坏事。

另外，有的人还有这样一种心理，他们很在乎我们，在心里也把我们当作真正的朋友，可他们对待玩笑的认知与我们不同，他们会认为，我们拿他们开玩笑，是在捉弄、戏弄他们。而对他们来说，最受不了自己在乎的人戏弄自己，这会让他们觉得自己不被重视，被辜负了。所以面对这些人，我们与他们的关系越好，越是不能开玩笑。

总之，与人交流，互相尊重彼此才是首要的前提，其他一切的相处模式，都是建立在这一条之上的。开玩笑也一样，须尊重对方的意见，如果明知道对方不喜欢，还强行与他们开玩笑，这不是在增进友谊，而是一种有失分寸的表现。一个有分寸的人，永远不会仗着关系盲目行事，他们知道，越是关系好才越要注意言行，以免让对方难受。

别人做事的时候,请不要指手画脚

"你这是什么态度,我明明是为你好,给你提出意见,你还爱理不理。"

"不好意思,我有我自己的做事方法,不劳您老关心,您还是关心别人去吧。"

很多人常常有这样的疑惑,为什么自己出于好意的苦心劝诫,到头来不但得不到别人的感激,反而引来对方的不满呢?其实,归根到底,就在于我们很多人将"说服"当成了"命令",自以为是给对方提意见,出谋划策,实际上是在指挥对方,命令对方。

在这个世上,没人愿意被他人的命令摆布,被指挥着做事,那会让他们觉得自己犹如提线木偶般被人操控,不得自由,也会让他们感到自己无能。因此,一个懂分寸的人,与人交往时从不尝试去控制对方,更不会指手画脚,插手别人正在做的事。他们会给出意见,却不会下达命令,只有这样,才会给对方一种尊重的感觉,进而收获对方的友情。

陈强是公司的老员工了,工作能力很强,对公司的各个业务也很熟悉，领导们都很看重他。但是这家伙是个刺儿头，连续换了好几个经理，不但没人能将他镇住，反而被他把人给气跑了。为此，公司高层非常烦恼，正犹豫着要不要炒他鱿鱼，以正视听。

直到一个月前，公司新加入了一名经理。新经理的手腕儿非常高明，没过一周，就把陈强"收拾"得服服帖帖的，再也不像以前那样，经常跟经理对着干了。有人好奇，就问陈强，"你这次怎么这么好说话，不像你的风格啊，新经理是怎么收服你的？"

陈强笑道："什么收服不收服，说得这么难听，怎么，你们还真以为我喜欢跟经理对着干啊？"

"那你以前……"

"以前那是没办法，谁叫那几个家伙太过分，不管我做什么事都要横插一杠子，在旁边指手画脚的，搞得好像我离开了他们，就完不成工作似的，我最讨厌这种人了。"

在别人做事的时候指手画脚，这样的人，不管在哪里都是惹人厌烦的。每个人都有自己的傲气和骨气，做得不好，旁人可以提出来，但绝不能在别人做事的过程中就吆五喝六地说教。对别人指手画脚，这并不是在帮助对方，而是在显示自身的权威和权力，这样做会激发对方的逆反心理，使对方产生抗拒，并不能起到正面的作用。

比如，在职场管理中，就尤其忌讳领导随意对员工的工作指手画脚。对一个优秀的领导来说，他们通常对员工怀有极大的信任，敢于放权。只要将工作布置下去，如非必要，他们大多不会中途插手，对员工进行"临场指导"。因为他们知道，这样做不仅是在质疑员工的

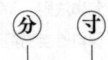

能力，打击员工的工作积极性，还容易给自己的管理带来麻烦。

王力强是一家货运公司的元老，前不久，他晋升为经理，一时间踌躇满志。但一个月下来，他对自己的能力产生了怀疑：自己什么都不懂，真能干好经理吗？

原来，他的老经理担心他刚刚晋升，不明白经理岗位的工作内容和方式，于是每天就花了大量的时间来"盯梢"，只要他做出什么决定，老经理就会先审视一番，然后做出修改。往往一天下来，王力强自己做出的决定十之八九都被老经理修改了。

他很不喜欢老经理这种"指导"方式，虽然知道对方是为了自己好，但这让他感觉自己很没用。在这种心理下，王力强的工作激情一天不如一天。好在，老板及时发现了问题，在得知情况后，勒令老经理不得再对王力强的工作指手画脚，让他自己适应。

结果，慢慢地，王力强又找回了积极性，每天如饥似渴地学习着。一个月之后，他已经初步走上正轨，可以独立带领自己的小组完成一天的工作了。

不管怎么说，被别人质疑，总是一件不愉快的事。当我们在做事的时候，如果旁边有人一直对我们的工作说这说那，哪怕明知对方是出于善意，我们心里也难免生出厌恶情绪，没有人喜欢别人把自己当菜鸟一般看待。做什么事，该怎么做事，那是我们的自由，你可以给我们提出意见，但不能直接为我们做计划，这是我们绝大多数人的心理。

大量事实证明，越是试图为别人做计划，指导对方工作，对他人的工作甚至计划评头论足，往往越是招致对方的反感。一个总是对他人指手画脚的人，他们的姿态大多是高高在上的，是唯我独尊的。在这样的人眼中，别人若是不听他们的话，不按照他们的"指导"做事，就是不对的、不成器的、不够聪明的。正是这样的态度，使人难以接受。

信任，是人际交往的基础，没有信任，就无法继续交流下去。一个懂分寸的人，懂得给予他人最基本的信任，即使对方真的需要帮助，需要自己的指导，他们也只会以一种委婉的方式进行，而不是一上来就摆出一副"你必须听我的"的姿态。太过强势，只会激起别人的逆反之心，因此，我们要学会控制自己，不要随随便便地"教"别人做事。

关系再好，也不说刻薄的话

朋友相处，恋人相处，家人相处，越是关系亲近的人，在一起的时间久了，说话就越是肆无忌惮，一旦心情不顺了，脾气犯冲了，什么不好听的话都敢说出口。

很多人以为，只要彼此的关系足够好，哪怕说点儿什么不好听的话也没事。殊不知，刻薄的言语，往往是破坏感情的最大杀手，再好的关系，也禁不住恶语的侵蚀。很多时候，我们与恋人、家人以及朋友之所以冷战不断，吵架不休，就是因为我们说错了话。

刘伟伟是个比较小心眼儿的人，平时别人说他一点儿不好的话，他都会记在心底，等到那个人翻脸的时候，总会忍不住拿出来说道说道，因此，他的朋友很少。

徐友发是他为数不多的朋友之一。作为朋友，徐友发没少给他提建议，让他不要那么小肚鸡肠，要大气一点，别总记着别人的缺点不放。

有一次，刘伟伟跟女友分手了，心情一直很低落，徐友发就安慰他。两人买了一箱子啤酒，以期借酒消愁。可没想到，徐友发喝多了，不小心说了一句，"兄弟，你知道嫂子为啥跟你分手不，就是因为你太小心眼儿了，啥不好的事都记得门儿清，不管男人女人，最反感这种人了"。这句话很伤人，直接戳中了刘伟伟的软肋，气得他当场翻脸。

事后，徐友发花费了很大的劲儿，才得到刘伟伟的原谅，但两人的感情，却再也回不到以前那种感觉了。徐友发很是后悔，觉得自己说的那句话实在是太伤人了。

爱情也好，友情、亲情，甚至同袍之谊也罢，在感情的世界里，最让人无法接受的就是语言暴力，这是对彼此感情极不负责的表现。每一次恶语相向，必定戳中对方的痛处，这无异于撕开对方的伤疤撒盐。可以说，语言伤害是种恶性循环，带给人永恒的伤痛，是无数感情破裂的重要因素之一。而这种伤害，通常发生在相处日久的熟人之间。

与人交往，在一起久了，彼此的很多小缺点，或者劣势都会暴露出来，而很多人恰恰会不自觉地将这些缺点作为言语攻击的对象。比如，恋人之间争吵，女方对男方说："你这么穷，我当初怎么就看上你了，你哪一点儿比得上别人？"

这些有针对性的"攻击"，无一不是女方长期观察的结果，正好戳中男方的痛处。以至于，生活中男人听到类似的话，哪怕脾气再好，通常也会气得暴跳如雷。

有道是，说话不可诛心，恶语伤人一辈子。话说得太难听、太伤人，别人往往会一辈子记住说话者的刻薄，一有机会，可能就会进行报复。因此，当我们与人发生争吵时，哪怕再怎么怒不可遏，也一定要管住自己的嘴，有些话，那是打死也不能说的。

一位演说家说:"人们都羡慕我到了这把年纪还保持着良好的体形,我要把功劳全部归于我的夫人。25年前我们结婚的时候,我曾经对她说:'希望我们以后永远不要争吵,亲爱的。不管遇到什么心烦的事,我决不和你吵架,我只会到外面去走一走。'所以诸位今天能看到我保持着良好的体形,这是25年来我每天都在外面走一走的结果。"

在可能的情况下,凡事要以和为贵,能退一步,自然是海阔天空。古人说"行时找钱背时用"。高考填志愿,还有第一、第二、第三志愿,给学子们留下一条退路;一把锁也会配多把钥匙,丢了一把,还有备用的。说话不可说绝,留下回旋的余地,要给自己留下纠错的契机,留下缓和的空当。一个有分寸的人,通常不会说出刻薄之言。

当然了,生活中,争吵、矛盾,总是不可避免的,哪怕是处世再圆滑的人,也有跟人拌嘴的时候。那么,当吵架避无可避时,有哪些禁忌是值得我们注意的呢?

首先,不要在第三者面前吵。朋友、亲人、恋人之间,生活中难免磕磕碰碰,但是,无论如何都不要在大庭广众之下发生争吵。有些问题,比如朋友的私密,恋人的隐私,家庭的矛盾,一旦暴露在公众面前,不但不能得到解决,反而会火上浇油。

其次,不要在对方脆弱时吵。如果对方正在生病,或者情绪正低落,或正处在工作不顺的逆境中,我们跟对方吵架甚至兴师问罪的话,只会加深彼此的矛盾。

再次，切忌口不择言说绝交、说分手、说离婚。现实中，从两个人相遇，到建立亲密的关系，再到长期相处，并不是一件容易的事情，张口闭口就要断绝关系，形同陌路，这是对彼此感情的极度不尊重，也是对对方的最大侮辱。这种话，最好永远不提。

最后，吵架时切记不要翻旧账，不要将一切过错推到对方身上，莫用"你总是……""每次……""若早知道你是这样的人，当初我就不该认识你"这样的句式。

不过，有些时候，吵架也并非全然是坏事，偶尔发生一点儿适度的争吵，不但不会影响彼此的感情，反而会增进感情。毕竟，有争吵总比什么事儿都憋在心里来得强，争吵也是一种交心。但这种"交心"不能上升为攻击，那样只会大大伤害彼此感情。

不强迫别人接纳自己的观点

"你一定要听我的,我说的才是对的。"

"你怎么就是不听呢,我都说过多少次了,这件事就应该这么办。"

....

在我们身边,从不缺乏这样的人,他们总是倾向于把自己的价值观灌输给别人,希望甚至强迫别人接纳他的观点。这样的人过于强势,人们常常不愿与之交往。

卡耐基说过:"没有人喜欢接受推销,或是被人强迫去做一件事。"每个人都喜欢按照自己的意愿去购买东西,或按照自己的意思行动。强迫别人接纳自己的观点,这是对人的一种冒犯。做人做事,不能将自己的意见强加给别人,否则只会得不偿失。

因为和老婆抢电脑,被老婆狠狠骂了一通,王建昌的心情很不好,就去超市闲逛,无意中走到洗发水专柜。看着一排女士洗发液,就想着买一瓶回去讨好老婆。

突然,一位中年营业员鬼魅般闪到他的面前,将他挡了下来:"喂,来看看这边新出的一款洗发水吧,非常适合你的发质,你过来,我可以给你优惠价的名额。"

王建昌心想:你怎么知道我什么发质,瞎吹的吧?于是,拒绝了营业员。没想到对方不依不饶:"你一看就不懂行,一点眼光也没有,别人都是我推荐的,我看人准得很!你不用绝对后悔。"王建昌一听,立刻火了,吼道:"你这人,我不用你推荐的就是没眼光?小心我投诉你。"说完,他拿起一瓶洗发水就走了。身后,中年营业员还在骂人。

拥有独立的思想、独立的人格,是一个人最基本的诉求和权利。我们可以接受别人的建议,但绝不希望有人从思想上统治我们,操控我们。这就决定了,任何人,哪怕与我们的关系再好,如果他想把自己的想法强加给我们,我们都会本能地产生抗拒。

但是,生活中我们很多人做事的时候,往往也忽略了这一点。他们被一种占有和控制的欲望驱使着,盲目地、强势地想把自己的意见强加给别人,希望别人按照自己意愿行事。这种一意孤行的做法,绝大多数时候都会落空,没有人喜欢被他人支配。

在别人不接受的时候,硬把某个观点强加给他,这种做法说到底不是真的为他好,只能说明自己存在太多的私心。所以,正确的方法只能是:首先,有不同意见或观点时要仔细想想自己的观点是不是真的正确;其次,是要自问表述出的这个观点和意见是否真的出于善意;最后,心平气和,细语慢言,说完了就完了,对方是否接受都不放在心上。

真正的尊重不只是说在口头上,更要在行动上表现出来。向对方表现尊重不该带有索求，带有索求的尊重是虚伪的尊重，只有不带索求的尊重才是真的尊重。要求别人尊重自己，首先要尊重别人。既然是尊重别人，就不该要求别人接受自己的观点，更不应该强迫别人接受自己的观点。即便是真"为他好"的观点，也不该强迫让他接受。

张笑儒是一名服装设计师，为了精进自己的技艺，她每年都会前去纽约，拜访一位著名的服装设计大师。

"他从没有拒绝见我，但也从来没有指点过我。"张笑儒说，"他每次都仔细地看过我带去的草图，然后说'对不起，张笑儒小姐，您的作品我无法做出评论'。"

连续三年，经过200次的失败，张笑儒体会到自己一定是过于墨守成规，所以决心推倒自己之前的一切成果，重新从基础开始学起，以谋求全新的创意设计。

之后，她又一次带着自己的草图去拜访那位设计大师，设计师不置可否，只是说："把这些草图留在这里，过几天再来找我。"3天后，张笑儒回去找设计大师，听了他的意见，然后把草图带回工作室，按照设计师的意见认真完成。

事后，设计大师说："以前有很多年轻的设计师都来找过我，但很多时候，我发现他们只能听进去我的好话，不好的话，我说了他们也不会听。所以我反思了很久，才弄明白，只有当你们自己意识到自己的问题之后，我才能真正为你们提供帮助。"

从某种方面来说，类似"我这么做都是为你好""你一定要听我的"之类的话，这本身就是一种索求，对别人承诺的索求，希望听到对方说"好的，我听你的"，一旦别人不接受自己的观点，就开始烦躁，开始强迫对方，这是非常野蛮又无礼的举动。

在这世上，再没有任何强迫，能比思想上的强迫更令人反感，更令人讨厌。一个懂分寸的人，懂得包容别人的想法，予人以充分的自由，让人享有独立的思维。海纳百川，方能成其大。与其把自己的想法强加给别人，不如多学习一下别人的观点。

自来熟,反而会让人不适

在我们身边,常常会有这样的人,他们与人第一次见面,就能像老朋友一样侃大山,谈天说地,没有那么多烦琐的礼节和顾虑,总是给人留下开朗、热情的印象。因而,这些人通常人缘都很好,不管到哪里都能迅速交到朋友,我们称他们为"自来熟"。

但凡事都有一个度,"自来熟"过于主动,过于热情,有时就会让对方感到无所适从,甚至灼伤对方,给自己的人际关系带来不利。毕竟,不是所有人都能做到和刚见面的人聊得热火朝天,我们若表现得过于主动,只会让对方心生警惕,对我们产生反感。

肖燕妮最喜欢的事儿就是坐火车,坐大轮船,坐公交、地铁等大型交通工具,用她的话来说,这些场合的陌生人够多,能认识很多新朋友,了解很多新的东西。

有一次,她去北京找同学玩儿,在火车上碰到一个文静的女孩儿,觉得对方很擅长打扮和搭配衣服,就想向对方请教。

于是她想也没想,就掏出了一大堆零食,同时像老朋友一样跟对方搭话。一开始,那女孩儿还礼貌性地回两句,可见到肖燕妮越说越激动,所谈论的话题也越来越私密，就开始沉默了。最后，肖燕妮问得急了，她干脆转过身，靠着窗户闭目养神了。

有很多人，常常不分场合，随意向他人表现自己的热情，仿佛一团火苗，虽然带给别人温暖，却也容易灼伤对方。与人交往，尤其是初次见面的人，或不太熟悉的人，我们更要注意分寸和热情的尺度，过于疏远诚然不好，但太热情也会让对方吃不消。

人有亿万，各自不同。对那些内敛、内向的人而言，自来熟的人其实并不符合他们的审美和交流标准。与他们交朋友，如果刚见面就表现得跟"死党""哥们儿"一样，难免会让他们方寸大乱，找不到交流的节奏，这对他们而言，是缺乏安全感的。

更有甚者，甚至认为拥有"自来熟"性格的人，都是一些能说善道、精于算计的人，他们在人际交往之初，就对自来熟的人竖起了一道心墙。这个时候，如果我们不收敛一下自己的热情主动，就很容易被对方贴上标签，进而归类到不可深交的名单里。

而且，从另一方面来讲，我国自古以来就有"防人之心不可无""无事献殷勤，非奸即盗"等古训，再加上当今社会的复杂性，这使得我们绝大多数人在面对陌生人的时候，都会不自觉地提高警惕。因此，对一些小心谨慎的人来说，自来熟的人如果热情过头，就很容易被视为居心叵测，要么是贪图小便宜，要么就是对自己有所企图……

这样一来，我们不但得不到对方的好感，反而会激怒对方。比如说，火车上对面座位的人向我们打听家人的情况，家里有几口人，年收入是多少，各人的性格爱好等，是个人都会心生警惕；再比如，街边擦肩而过的陌生人，一个劲儿打听我们的婚姻情况、恋爱情况，甚至喋喋不休地将自己的秘密一股脑儿抛出，同样会令我们反感。

由此可见，"热情"需要有度，"主动"需要有尺。这里所谓"尺"与"度"，就是要求我们在对待别人热情友好的时候，务必要谨记，这一切都必须建立在不影响对方，不妨碍对方，不给对方增添麻烦，不令对方感到不快，不干涉对方私生活的前提下。

与人交往，尤其是与陌生人交往的时候，固然需要我们主动热情，可也要与之保持一定的距离。比如陌生人摔倒了，我们扶他起来就够了，不可忙前忙后地问他接下来做什么，要不要帮忙搭把手，更不要在对方对我们尚不了解的情况下，就豪气干云地来一句，"相逢即是有缘，有缘即是兄弟，有什么事，我帮你搞定……"这样会吓着对方的。

有的人生怕自己不够主动，无法让对方感受到我们的"善意"和"好意"，所以热情得过了分，令人措手不及，这是没分寸、矫枉过正的表现。一个有分寸的人，他们在与人交往的时候，往往是循序渐进的，掌握着一定的节奏，同时还会根据不同的对象，不断调整自己的主动性与热情。只有这样，才不会因为"步子迈得太大而闪着腰"。

总而言之，适当地"自来熟"，并没有什么不好，能够体现我们的热情，让人感受到我们的心意，让人体会到我们的尊重，没有谁不希望和一个主动热情的人交往。但是，这种主动与热情一定要把握好分寸，不可操之过急，须知，心急总是吃不了热豆腐的。

帮助别人，不要总把你的恩惠挂在嘴边

对别人施以援手，提供帮助，这本来是一件好事，既可以拉近彼此关系，助推友谊的升温，还可以建立我们良好的个人形象。然而，如果我们总是把这种恩惠挂在嘴边，哪怕不是故意的，也会让接受帮助的人心生怨愤，甚至对我们冷眼相向，跟我们反目成仇。

前不久，家里出了点儿事，急需用钱，无奈之下，刘威就向自己的朋友柳毅云借了两万块钱。自那之后，刘威的麻烦就来了。原来，这个柳毅云，总是有意无意地在人前提起自己借钱给了刘威，搞得周围的人都知道了这事，为此，刘威很苦恼。

有一次，大学同学聚餐，刘威和柳毅云也参加了。席间，大家频频敬酒，拼得非常激烈，柳毅云酒量不好，就拜托刘威帮他挡酒。起先，刘威也仗义相助。

然而，连挡了几轮，旁边有人不满了，怪罪柳毅云不该让刘威帮忙，柳毅云却直接反驳：“这有什么不可以，我俩是哥们儿。”本来，听到这里刘威还挺高兴，哪知柳毅云又继续说道：“再说了，我还借了他两万块钱呢。”这话一出，刘威当时就变了脸色，心里很不是滋味儿。聚会

结束后,他理也没理柳毅云,就自己一个人离开了。

接下来的几个月,他几乎靠着吃白馒头度日,以最快的速度凑齐两万块钱,还给了柳毅云并说:"兄弟,钱我已经还了,连带利息一起,兄弟不会让兄弟吃亏的。"

柳毅云这才知道,自己的一些话,无意中伤害了刘威,很是后悔。

许多人总是寄望别人知恩图报,恨不得施了一次援手,别人就会感激他一辈子。这样的想法实在大错特错。做好事、善事,不是"施恩",而是发自内心的想法,是建立在"我想做""我愿意做""我必须做"等意愿之上的。如果怀着挟恩求报的心思,那这种帮助和善事,就失去了它原有的味道,对被帮助的人而言,也就不那么感动了。

另外,虽然帮助别人理应得到感谢和回报,但我们绝不能将之挂在嘴边,有事没事就拿出来显摆。反而,对别人有恩惠一定要忘掉它,就算忘不掉,起码也不能经常挂在嘴边,因为我们每谈论一次对别人的恩惠,就消减了一分别人内心对我们的负债感,长此以往,别人就会觉得自己根本不欠我们什么,我们的口舌之利已经将恩惠抵消了。

在我们身边,从来不缺乏这样一类人,表面上他们待人热心,而且也时常帮助别人。但是,当他们帮助他人后,总是显现出趾高气扬的姿态,总是把曾经的帮助挂在嘴边。一个个化身祥林嫂,将自己的帮助四处宣传,还总是强调自己的付出,妄想得到丰厚的回报和良好的名声。在他们眼里,接受帮助的人就得低自己一等,不然就是忘恩负义。却不知，总是把恩惠挂在嘴上，无异于在受恩者的心上"放高利贷"，不仅不是助人为乐，更是一种对受恩者的心灵折磨。对于这种行为，人们大多是秉持拒绝态度的。换句话说，如果有人这么做了，他不但收获不了名声，更得不到被帮助者的感恩，更多的可能是，自己费力不讨好，成了人们眼中的"烂人"。

施恩不应该成为施舍，帮助朋友也不应该抱着"我是恩人"的想法。就像小说《灵魂的枷锁》中说的那样："杀死这孩子的不是他的脆弱，而是援助者的援助，当援助成为施舍与恩典，它不再是渡人于困厄之中的方舟，而是锁住灵魂的枷锁。"给朋友带来受人恩惠的屈辱感，以及一辈子都还不清的精神债务，这样的"施恩"又有何意义呢？

当然，有的人可能会说，"我也不是故意的啊，我没想过用恩惠来要挟他，只是他玻璃心了，连我的玩笑话都没听出"。的确，有的人喜欢将恩惠挂在嘴边，完全是心直口快，想到啥说啥，图个显摆的乐子，或是打趣对方，除此之外，没有其他想法。但他们没有想过，当我们在为对方提供帮助，而对方又没有拒绝的时候，对方在我们面前，已经有了一种发自内心的自卑感，会觉得自己欠了我们，会觉得自己低我们一等。这个时候，他们的心灵是脆弱的，哪怕我们只是无意提及，落到对方耳中，也带上了"恶意"。因此，与我们帮助过的人相处时，言语上的忌讳需要格外注意。

一个懂得分寸的人，在"施恩"于朋友后，便将这件事抛诸脑后，坚决不再提起。哪怕对方真的忘记了，也不要旧事重提。如果觉得对方真是一个忘恩负义的人，有分寸的人只会静静离开，不再与其来往，而不会抱着"恩惠"跟对方讲道理。

总之，"恩惠"这种事，越是拿到口头上说，它的情义值就越低，带给人的震撼和感动也就越低。说得多了，天大的恩惠，也会变得一无是处。等到那个时候，好事变坏事，恩人变仇人，就大大地不值了。施恩不图报，帮助了朋友，就将这份帮助埋在心底就好，会来事儿的人自然会涌泉相报，否则，我们再怎么反复提及，也是毫无意义的。

不轻易向朋友借钱，也不轻易借钱给朋友

朋友之间互帮互助，本来是一件正常的事，彼此合作，互惠互利也没有问题。但是，如果是朋友之间相互借钱，那么我们就需要再三考虑，谨慎而行了。

通常，不管是向朋友借钱，还是借钱给朋友，都容易引出问题，影响彼此间的关系。比如，朋友向我们借钱，借多了我们自己负担不起，对方的偿还能力也有风险，借少了追债的时候又容易尴尬。又比如，我们找朋友借钱，朋友心里不愿意，可碍着情分不得不借，但对方心里肯定会不舒服，这无异于为彼此的关系埋下了负面的种子。

人们常说，"亲兄弟，明算账"。哪怕是亲生兄弟，在涉及金钱来往的时候，最好也要明明白白地算账。这并非冷血、势利，而是只有通过这样的方式，兄弟情谊才不会因为一本糊涂账而受到损害。可见，亲兄弟尚且如此，朋友之间就更是如此了。一个有分寸的人，如非必要，他们大多不会轻易向朋友借钱，当然也不会借钱给朋友。

王国政在国企上班，工资水平还不错。平时和朋友聚会，他都会抢着付钱，朋友们都觉得他很豪爽。有一次，一个朋友家里有急事，想借

四万块钱应急。

王国政心想,自己与对方相识三年了,还在同一个公司上班,对方人品也还行,于是二话没说,就把钱借出去了,连欠条都没打。很快,约定的还钱限期到了,朋友没还钱。又过了一个月,王国政给朋友打电话,对方回复说过一段时间才有钱。

就这样一拖再拖,如今半年过去了,这位朋友还是没有还钱,王国政打电话询问,得到的回复不是做生意赔了,就是家里有人生病了,还一直强调只要有钱了就还。对此,王国政很是烦恼,四万块钱一直不见还,连带耽搁了自己买房子的大事。

生活中,类似的情况并不罕见,出于对朋友的信任把钱借出去了,结果等到还钱的时候却是困难重重,不是没钱就是各种理由借口,再不然,就是一顶不讲义气的帽子扣下来,"你这人怎么这样啊,借你几个钱应急,又不是抢你的,天天追着问……"

因为在朋友之间的账务上弄得不清不楚,导致自己难受,这是我们多数人的苦恼。很多人甚至因此闻之色变,下定决心不与朋友进行任何金钱上的往来,更有人偏激地认为,不管出于什么原因,向朋友借钱都是下下策。那么我们具体应该怎么办呢?

第一,站稳自己的立场,明确并严格遵守自己的原则:关系越好,越不要随意借钱。关系好代表着我们更不好意思开口让朋友还钱,数额小,借了也就算了;数额大的,借之前一定要想好。除非对方借钱的原因特殊,如家人重病,急需救命钱或有紧急的大笔开支等,其余情况下,提供解决问题的方法即可,实在不行便不用管,最好不要牵扯到金钱的来往。当然了，一定要注意尺度和说话方式，不要让朋友觉得我们无情。

第二，朋友有亲疏，借钱分对象：不是所有人都值得我们借钱的，也不是所有人都会及时还钱的。朋友的品行不能一概而论，从他们平时的作为看起，对于那些明显不那么讲诚信的人，我们一定要在借钱出去之前就想清楚，对方会及时还吗？有能力及时还吗？如果他不还钱，我们应该怎么办……如果能解决这一系列的问题，方可考虑借钱。

第三，金钱上的往来，哪怕关系再好，也要按流程走：很多人在借钱给朋友的时候，总是认为大家关系好，就不用写欠条，不用找担保，不用说明具体条例。其实，朋友之间，更应该按照标准的流程走，欠条、担保、具体事宜，最好是一个都别少。这并非不讲情面，实际上这恰恰保护了彼此的情谊。有的人借钱的时候讲感情，结果最后收不上钱来了，彼此大打出手，上法庭、上公证，搞出人命的都有。试问，若真走到这一步，彼此又能剩下什么情谊呢？反倒是按流程走，虽然看似不讲人情，却最大限度地保证了"交易"安全，避免了好朋友反目的风险。并且，通过这样的方式，也能提前将那些一开始就藏着坏心眼儿的"朋友"拦在流程之外。

第四，沉住气，多点儿耐心，也给朋友一点儿时间：鉴于生活中负面的例子较多，有的人不愿意借钱，可碍于情面借了，然后心里就会发慌，进而出现提前催款的现象。比如，明明说好三月借钱九月还，可还没到七月，借钱的人就开始催促对方了。这样做会给对方造成一种屈辱感，如"我又不是还不起，你急着催我还钱是什么意思……"结果，最后钱是要回来了，自己也得罪了对方，明明把钱也借给对方了，可不但没能增进彼此的友谊，收获对方的感激，反而将对方激怒，可谓费力不讨好。

有时候，朋友真的有难处，无法及时还上的时候，我们一定要学会理解，学会忍耐。相信自己的朋友，多给他们一点时间，这样才不会使我们的好意变恶意。

一句话，关系是关系，钱是钱，账是账，一码归一码。不要以感情来论钱，更不要以钱来论感情。人际关系，可以因为利益上的往来愈加深厚，也可能因为债务的纠纷支离破碎。一个懂分寸的人，永远不会将它们混为一谈，他们知道，只有坚定自己的立场，严格遵守自己的原则，友谊才会越来越巩固。如非必要，朋友之间，概不借钱。

知趣为上

做人知趣比有趣更重要

不要随便给人提意见，一个有分寸的人，永远不会直接指出别人的缺点。做个知趣的人，听懂别人的弦外之音，这才是可爱的人。

听到这些拒绝的暗语,别再死缠烂打

生活中,与人打交道时,我们常会听到一些社交暗语。有分寸的人,能够读懂这些暗语,所以他们与人交往,总是游刃有余,深受欢迎。反之,一个人如果不懂得辨别这些暗语,就很容易给人留下"不知进退""呆头呆脑""不会来事"的负面印象。

比如,我们去别人家做客,当主人频繁劝我们喝茶,或提议看电视时。这个时候,我们就该告辞了。人总是在感到无话可说时,才提醒别人做一些无关紧要的事。

很多时候,这些暗语有利于传达双方一些不适合明确说出来的信息,通过委婉的语言暗示或动作表达,可以使双方心照不宣,也避免了可能出现的尴尬。但是,如果我们听不懂这些暗语,就可能影响彼此的交流,使现场氛围陷入一个难堪的境地。

赵立刚是一名房产销售。有一次,他向一位客户推销房子,刚开始的时候,对方还非常耐心地听他讲话,时不时还向他咨询一些问题。通过客户的反应,赵立刚断定,这人是一位真正想要买房的客户,于是大感振奋,更加滔滔不绝地向对方介绍起来。

大概过了半个小时，客户开始表现出不耐烦了，不时地看向自己的手表。可惜的是，亢奋中的赵立刚只顾着自说自话地介绍房子，全然没有注意到客户的这番表现。

又过了几分钟，客户开口了，"小曾啊，你说的我都知道了，这样吧，有没有附近楼市的一些资料，我先拿回家琢磨琢磨，如果看到合适的，我再来找你，行吗"。

"先生，如果您真有购房的意愿，不如这样吧，我现在就带您过去看看，反正离这儿也不远，挺方便的。"赵立刚没能听出客户的弦外之音，还拼命地邀对方看房。

终于，客户听不下去了，抽身就走，同时说道："你这小伙是新来的吧，哪有这么心急让人看房子的？我都跟你说了，自己先看，有合适的再找你，还说个不停。"

事后，经理知道了这件事，对赵立刚说道："你这个傻瓜，客户说要拿资料回家看，其实就是购房意愿不明显的意思，你还一个劲儿缠着对方，肯定惹人生气啊。"

其实，不只是销售行业，各行各业，针对不同的交流对象，都有相应的暗语。比如，女孩子对一个男生说"你干吗呢"，实际上她想说的是"我想你了"；当一个领导对员工说"年轻人好好干"，其实是告诉年轻人，"你还年轻，就先忍着吧，路还长着呢"。

再比如，我们在面试的时候，也会听到"你的情况我们已经初步了解，如果没什么问题的话，您可以回去等候我们的通知"。这就是暗示我们面试已经结束的信号，聪明的求职者就会主动收拾东西，然后离开。如果继续坐在那里发愣，只会给自己减分。

　　人际交往中，很多话是不适合"明刀明枪"地说出来的，必须采用一些委婉的手法，否则，只会引起大家的尴尬。于是，所谓的暗语、行话，也就应运而生了。听懂这些暗示，需要一定的悟性及丰富的社会经验。不懂这些，与人交流时就会举步维艰。

　　虽然在通常情况下，人们都更喜欢直截了当地表述自己的思想。但有些情况下，面对有些事情的时候，人们因为不好意思或羞于直接说出口，就会采取一些比较隐晦的方式，或是通过某些动作，或是通过某些语言。总之，生活中离不开暗示，学会读懂暗示，就能避免在人际交往中的许多尴尬，让我们少一些唐突，多一些轻松和愉悦。

　　因此，大多数人在交往的时候，都喜欢聪明的人，喜欢有眼力见儿的人。当一些不方便直接说出口的话，通过自己的一点小小的暗示，对方就能明白我们的意思。

　　我们把这样的人叫作知趣的人，他们懂得什么时候该怎样做。反过来，傻头傻脑，对这些暗示无动于衷的人，常常会让人感到难以相处。恋爱中，他们会被认为不解风情；职场里，他们会被认为没有前途；官场上，他们会被看作榆木脑袋不开窍。总之，在人们眼中，无法读懂别人暗示的人，是没分寸的表现，人们是不太愿意与这样的人过多交往的。

安慰失恋的朋友，
不要说"是他配不上你"

失恋，几乎是每个人都会经历的事。对绝大多数人来说，失恋都是一件痛苦的事，所以当一个人失恋的时候，身边的亲朋好友总会忍不住予以关心以及安慰。

然而，很多人在安慰的时候，却常常说出一些不太恰当的话。比如，"别难过了，你是个好女孩儿，是他配不上你"。这是出现在失恋安慰语录上最多的一句话。殊不知，它实在不应该用来作为安慰之语。它带给被安慰者的，绝不是暖心，而是讽刺。

王晓玲的闺密闵睿最近失恋了，听到她在电话里哭得不成样子，王晓玲倍感心疼，特地向上司请了一天假，前去陪伴闺密，希望她能够尽快从悲伤中走出来。

两人又看电影又吃饭，还去商场大买特买。然而，当她们走到一处公园的时候，闵睿还是忍不住哭了起来。

"你知道吗？就在一周前，我跟他还在这里一起看星星，打量来往的行人。你说，我对他这么好，为什么他说变就变了呢，说分手就分手，一点机会都不给我。"

看着闺密这个样子，王晓玲想也不想，脱口而出："亲爱的，别哭了，是他配不上你，你这么漂亮，相信姐们儿，改天给你介绍一个真正的男神。"

没想到，听了她的话，闵睿却是沉默良久，然后认真地说道："不，亲爱的，你不能这么说他，不管怎么说，我还是爱他的，在我眼中，他就是最好的男人。"

感情的事，最是微妙，说不上谁配不上谁。如果我们这样说，等到对方冷静下来，也许心里会想：毕竟他是我爱过的人，你说他配不上我，难道不是变相地说我的眼光不行吗？为什么之前我俩好的时候，你不告诉我这些？所谓"说者无心，听者有意"，这些看似安慰，却不中听的话，很有可能会让对方胡思乱想，进而影响我们彼此的关系。

而且，更令人尴尬的是，万一他们将来言归于好了，我们夹在中间，叫人怎么想？因此，别再对失恋的朋友说"他配不上你"，也不要说"我真高兴你甩了他，我从来就没喜欢过他"这样的话。那样一来，朋友就会怀疑，他俩在一起的时候，你的称赞是不是假意恭维，甚至更进一步，怀疑彼此之间的友谊是不是也是虚情假意的。

我们可以说："让大家都看到你的坚强，离开他你也可以过得很好。"还可以说，"这是他的损失，离开了你，上哪儿去找这么可爱的人儿"这样的话。这样说不但体现了我们的关心，而且也留下了转圜的余地。即使将来真出什么意外，我们也可以再次从中调停。

失恋是件痛苦的事，对于失恋的人，我们应该好生安慰，但要是这个节骨眼儿上说错了话，那就是雪上加霜，火上浇油，让对方更加痛苦了。轻率地评价朋友原来恋人的好坏，难免会冒犯到对方。因为如果她还爱着那个人，又或者恨透了那个人，而我们又恰恰说了相反的话，那么我们在朋友心中的印象就会大打折扣，与其这样，不如不提他。

丛亚翠和她相处了3年的男友分手了，长期的两地分居，让男友难以忍受。

丛亚翠心里非常难受，这是她的第一位男朋友，从大学到现在，本以为能走进婚姻的殿堂，没想到还是没能开花结果。丛亚翠的闺密童亚楠知道了这件事，决定把她从失恋的"深渊"里拉出来。

童亚楠说："你要赶紧振作起来啊，你知不知道我们几个有多着急，都等着你跟我们出去呢。"丛亚翠说："我现在没有心情，失恋的滋味真不好受。"

童亚楠又接着说："你不要这么想，他放弃了你是他的损失啊，你这么漂亮，又有稳定高收入的工作，一定能在以后找到更好的。"

"嗯，好，你放心吧，我会很快就振作起来的。"丛亚翠说。

每个人都有每个人的性格，同样的安慰方法并不适用于所有人。有的人失恋后会希望朋友像往常一样待在身边，像往常一样说话，像往常一样交流，不想看到别人的眼里充满了怜悯，会让她更觉得自己可怜。甚至为了不想别人另眼相待，朋友很有可能都不让太多的人知道自己失恋了。而如果你是知道的少数人之一，那么就请你更加装成若无其事的样子，因为她相信你不会说出去，才会跟你说。

有的人个性纯真，很有爆发力，而且不会压抑自己的感情，这样的人一旦失恋了，情绪积累到一定程度时，就会如同火山一般爆发。这个时候，你不妨陪他去KTV大唱伤心情歌，让他发泄自己的情绪。

面对失恋的人，我们要做的就是在给予安慰的时候不要融入太多的个人喜好，不数落对方前任的缺点，帮助对方分散注意力即可。他重新振作起来还是要看他自己的心理排解能力，外人若是过于心急，有可能适得其反。

有人邀请你评价她刚买的衣服，要说积极的话

通常情况下，人们都不喜欢说谎的人，拒绝被欺骗。但在特殊的场合下，人们喜欢谎言要多过实话。比如，当一位女士千挑万选，选中一件衣服的时候，她希望听到的是别人的赞美，哪怕这"赞美"并不符合事实，也好过那些不中听的"真实感受"。

有一次，刘慕华约客户在咖啡厅见面，商讨一份合同的签署情况。但是见面后，刘慕华并没有直接谈合同的事情，而是先谈起了那位客户的老公。

谈话中，客户一直在说自己老公的各种优点，只听她说道："我老公很厉害的，他会给我写诗，古体诗、现代诗他都会写。他还会陪我一起健身、运动。他网球打得特别好，还会讲故事，感觉比《百家讲坛》讲得还好。最关键的是，他特别尊重我，只要我一生气……"

看到客户滔滔不绝、眉飞色舞的样子，刘慕华心里有数，羡慕地说道："真羡慕您有这么好的老公，平日里他一定舍不得让您受到一丝伤害吧，您真是太幸福了。"

客户也笑道："也还可以啦。你不知道，他这人特别心软，我有时候做错事，只要作势欲哭，他保管一句责骂的话也说不出来，反过来安慰我呢，你说他傻不傻。"

"那也是您值得被他呵护嘛。您看现在好多的夫妻，三天两头不是吵架，就是闹着离婚，比起他们，您和您先生真是太让人敬佩了，都是真正深爱着对方。"

"那倒是，我先生真的很爱我。当然，我也深爱着他。"客户笑得更浓了。

最后，非常轻松地，刘慕华就让客户在合同上签字了。

会说话的人，懂得看场合说话，知道什么时候说什么话比较合适。当别人兴冲冲地把他好不容易才选出来的精品商品拿给你看，将自己的奋斗成果展示给你看时，希望听到的是你祝福、赞美的话。在这种时候，就不要吝惜我们的赞美之词，首先送上我们的惊叹，是最好的选择。至于那些煞风景的话，即使本身没有错，也不要立刻就说出来。

有的人就不是这么回事，遇上这样的情况，他们往往不知变通，傻傻地据实交代："可以倒是还可以，但我觉得这种款式和你本人不合，你穿着有点儿土气。"诚然，这个评价可能很客观，也很有见地，但实在难以让人心情愉悦，只会让人感到沮丧。

实际上，赞美的话即使夸张泛滥，也不会令人打心眼儿里厌烦，但负面的语言，即使公正客观，犹如真理般不可置疑，也很容易让人受到伤害，破坏谈话氛围。

另外，想要成为会说话的人，还要懂得时机的重要性。时机一到，赞美的话，积极的祝福，就要第一时间送上；否则，错失良机，它们的功效就会大打折扣了。

看新闻，读历史，我们往往会看到这样的情景：每当一个国家新成立的时候，最先与其建交的国家总能得到更多的优待，就连历史记载也能够更加详细。为什么？说白了，表达友好的态度是要赶时候的。时候不对，哪怕一样的付出，结果也是天差地别。

谭亚伟的老板，是个很传统的老头儿，上班从来都是穿着正装，不苟言笑。有一次，谭亚伟发现，这老头儿竟然穿了一身时髦的衣服，整个人的气质瞬间大变。

谭亚伟当即赞叹道："老板，您今天可真是穿出了新气象，整个人年轻精神多了，一眼看到您，还以为看到了哪个年轻小伙呢，看样子，等会儿有好事发生啊。"

老板一听，笑得眼睛眯成了一条缝，道："你真的觉得我这身儿不错？等会儿下班我要陪女儿去见她男朋友的家人，我们约好今晚一起吃饭。本来还担心自己穿得不合适，听你这么一说，我就大大放心了。好小子，我记住你了，好好儿干，我看好你。"

把握时机，抓住别人的暗示，应景地说些好听的话，这并不是拍马屁，只是让我们与他人相处更融洽的一种方式。实际上，当别人为自己的某项成就而自豪时，及时地送上我们的祝福，本就是一种美德。说话不应景，平白给人添堵，反倒不是什么美事。

这就好比，路上看到一对新婚夫妻正在拍婚纱。男女双方都露出幸福的笑容，这个时候我们跑上去对人家说，"哎，你们怎么在这里拍婚纱啊，这个地方特别逊"。哪怕我们说得再有道理，说得再怎么实诚恳切，想必对方也是憋着一口气，恨不能一顿老拳打过来。但如果我们随口送上一句"哇，好漂亮的婚纱，好漂亮的新娘"，那结果又会不同。

一些人出于对溜须拍马的厌恶，很多时候为了"老实"而老实，完全不管场合，一味地说实话，这样做只会给人留下"嘴欠"的负面印象，无益于他们的人际交往。

学会察言观色，做一个有分寸的人，当别人高兴的时候，当别人有所成就并为之自豪的时候，不要吝啬我们的赞美，也不要吝啬我们的祝福，这才是真正的智慧之道。

错了，立即道歉而不是辩解

犯了错，就要立刻道歉，而不是做无谓的辩解。真诚的道歉，能够证明我们有内疚之心及改过之心，能给人留下好的印象。辩解，只能令人反感，让别人认为我们缺乏担当，不敢正视自己的错误，更没有改过的诚心和决心。因此，懂得道歉的人，往往比死不认账、只想着"辩解"的人要可爱得多，也受欢迎得多。很少有人喜欢有错不认、不改的人。

有一家生产电视机的厂子接到了一位用户的来信，信中说："正看着电视，突然在荧光屏上出现一道白烟，随即图像消失了，这是怎么回事？你们会负责解决吗？"

工厂很快重视起来，经过检查发现，原来问题发生在进口的滤波电容器上。有员工算了一笔账，按照一年售出8万台电视机的出货量，其中有40台出了毛病，返修率不过万分之五，远远低于国家规定的标准，完全可以不予理睬。

然而，该厂的领导却认为，虽然这份数据对厂里来说是万分之五，但是对买到这"万分之五"的用户来说，却是百分之百。因此决定把卖出的8万台电视，全部召回，为用户换下滤波电容器。这涉及28个省、市、自治区，想要挨个都换并不容易。

有人主张，找上门的就修，没找上门的就算了。厂长不同意，最后，他们组织该厂在全国的126个维修点出面，在当地报刊、电台上登广告，首先向广大购买者道歉，坦承了自身的错误，然后希望买了这批电视机的顾客，一律到维修点，免费更换电容器。

最后经过核算，维修这批电视机的费用花了100万元，但却赢得了对用户负责、质量第一的好名声，从而赢得了更高的信誉，次年的出货量猛增了数倍，利大于弊。

做错了事，就要道歉，这是做人的基本道德与底线。《论语》有言："过也，人皆见之；更也，人皆仰之。"每个人都不可避免地会做错事，这并不可怕，只要能够改正错误，及时向他人道歉，还是可以得到别人的谅解，能够挽回事情的局面。

但如果有错不认，知错不改，反而为自己的言谈举止进行辩护，那就有可能招致对方的反感，甚至是厌恶，进而损害我们自身的形象。人们可以原谅一个改正错误的人，却难以接受一个在错误的道路上坚持己见的人。为错误辩解，只会加深错误的程度。

1970年12月7日，正在波兰访问的联邦德国总理勃兰特，前往华沙当年的犹太人隔离区，向那里的犹太人死难者纪念碑献花圈。当他献出花圈时，整个人突然跪了下去。

这位57岁的反法西斯老战士，跪在了纪念碑前。他的随同人员惊呆

了，这个出乎意料的、未在日程安排当中的举动，让他们一时手足无措。而周围的波兰官员和民众，却被这突如其来的举止深深震撼了。各国记者们在短暂的愕然之后，纷纷高举相机。

二战后，世界上意义最重大的一瞬间，在此刻定格，所有爱好和平的人民心头，都激起了强烈的、恒久的震荡。

勃兰特说："死难者撕痛着我们的心，对他们没有人能不悲伤。"

他还说："对事实的回避会给人造成错误的假象。要面对历史就不能容忍那些还没有得到满足的要求，也不能容忍'秘而不张'……面对百万受害者，我只做了在语言力不能及的情况下人应该做的事。"

有外国评论家还这样写道："他没有必要下跪，而他却为那些应该下跪，而没有下跪的人，跪下了，他比那些站着的人更伟大。"

自此，德国彻底从"法西斯"的阴影中摆脱出来，世界人民不再将它视为战犯后裔的国度，认错的德国人，成为世界上最可爱的民族之一。

相比之下，死不认错，甚至为了美化自己，还篡改历史，为自己的罪行进行恶意辩护的日本人，却始终得不到世界人民的原谅，当然更得不到受害者的原谅。

无意中伤害了别人，越是及时道歉，越能抚慰对方的"心灵伤口"，相反，如果听之任之，久久不愿道歉，不仅会对别人造成更大的伤害，也会使我们彻底失去对方的友谊。同样的道理，犯了错，道歉越及时，越能帮助我们及时改过，将损失降到最低。

有人认为，道歉是向别人低头，是没有尊严的表现。其实，一味坚持错误不肯道歉，才是对尊严最大的侮辱。道歉，是生活中再平常不过的细节，它不仅是一种行为，也是一种态度，是尊重别人更尊重自己的艺术，不但可以弥补过失，还能增进人与人之间的情谊，化解危机。当然，道歉也需要技巧，有分寸的人，往往也掌握着高超的道歉艺术。

第一，时机的选择：如果我们认识到了自己的不对，就应该立刻道歉。当然，最好趁对方心情愉快、时间悠闲的时候去，效果较好。但如果我们今天犯了错，隔了几天才认错道歉的话，就不应该了。事情过去了才去道歉，人们往往会怀疑我们的真诚度。

第二，认错道歉要堂堂正正，不必奴颜婢膝：认错本身就是真挚和诚恳的表示，是值得尊敬的事情，大可不必为此一蹶不振。奴颜婢膝，反而会惹人怀疑和厌恶。

第三，态度要诚恳，要坦率：当我们有某件事想要对方谅解时，态度是很重要的。我们要坦率地向他说出自己的缺点和错误并表示改正，这才能显示我们的决心。

第四，敢于承担责任，敢于担当：既然我们已经做错了，就不需要再掩饰了，勇敢地承担起责任才是获得谅解的最好办法。推卸责任或避而不谈，只能适得其反。

总之，道歉并不是什么低三下四的行为，相反，它最能体现一个人的素养和品质。一个有分寸的人，绝不会惧怕道歉，甚至善于运用道歉，提升自己的人格魅力。

别人正说到兴头上,别轻易打断和插话

聊天不是抢答,不要随便打断别人说话,尤其是当对方正说到兴头上的时候,强行插话只会让人反感。卡耐基说过:"倾听,是我们对任何人的一种至高的恭维。"

打断他人说话,是一种非常无礼的行为。很多人之所以人缘不佳,就因为他听得太少却说得太多。人天生有自我表现意识,当一个人说得兴起时,突然遭到他人无礼打断,这种情况下,即使打断他的人说的是正确的,他也会愤而反驳,甚至冷眼相向。

翟亚蔚是个性格开朗的女孩,平日里最喜欢做的事就是找人聊天。然而,与她性格极为不符的是,她身边的朋友却很少。原来,她有一个坏毛病,那就是表现欲太强,总喜欢在别人说得起劲儿时横插一杠子。对此,大家怨言很大,都不愿意和她聊天。

有一次,午饭过后,几个前辈同事聚在一起侃八卦,刚说到某个女明星的绯闻,恰巧被路过的翟亚蔚听见了,她立刻插话道:"呀,你们说她啊,我对她可熟悉了,她……"见她眉飞色舞地大谈特谈,根本不顾及别人的感受,几位同事无趣地走开了。

自那之后，公司里就再也没有人愿意跟她聊天了，只要一看见她，就移开目光，不去关注她。翟亚蔚很苦恼，决心改正这个毛病。她开始强迫自己听别人说话，有时候实在忍不住了，她就赶紧离开。慢慢地，大家发现她不再插话了，都向她伸出了大拇指。

古人云："说三分，听七分。"一个懂分寸的人，他不需要滔滔不绝，只需静静聆听别人的观点，也能收获别人的称赞与尊重。多听少说，在任何地方都会获取别人的信任，还会让人觉得我们并不是一个爱说是非的人。而不分场合与时机地打断别人说话，或者抢接别人的话头，很容易扰乱他们的思路，使得对方忘记自己要讲的内容，有时甚至会产生不必要的误会。培根说过："打断别人，乱插话的人，甚至比发言冗长者更令人生厌。"

可见，"听"和"说"，对我们都很重要。什么时候该说，什么时候该闭上嘴巴，这是一门很深的学问。一个精明而有教养的人与人交谈，即使对方长篇大论地说个不休，也绝不随意插嘴。插嘴，并不会让人觉得你聪明，反而会让大家陷入尴尬。就像那些假精明，控制不住自己表现欲望的人，他们横插一嘴，竖插一杠，往往是话题终结的能手。

此外，根据心理学家们提出的心理定式理论来看：如果一个人心里有事，他就会启动心理定式，然后开始讲话。而在他把话讲完之前，他是听不进任何别人的话的。

因此，一次成功的交流，不但需要我们少插话，更需要去聆听对方的话。倾听，不仅是对他人的一种尊重，更是对他人的一种赞美。

在实际生活中，善于倾听的女人讨人喜欢，而善于倾听的男人，则让人觉得可靠、安全、值得交往，以及富有人格魅力。

世界上最伟大的销售员——乔·吉拉德，就曾经有过一次难忘的失败经历。

有一次，一位顾客来找他商谈购车事宜。他向那人推荐一种新型车，进展非常顺利，然而，就在成交的节骨眼上了，对方却突然决定不买了。

乔·吉拉德百思不得其解，连晚上回家，躺在床上，依然睡不着。最后，他忍不住给对方打了电话："您好，先生，今天眼看您就要签字了，为什么却突然走了呢？"

"先生，你知道现在几点钟了？"

"真抱歉，我知道是晚上11点钟了，但我检讨了一整天，实在想不出自己到底错在哪里。"

"很好，你现在用心听我说话了吗？"电话那头说。

"非常用心。"他答道。

"可是，今天下午你并没有用心听我说话。就在签字之前，我提到我的儿子即将进入大学，我还跟你说到他的学习成绩和理想，可你根本没有听！"

对方继续说道："当时你在专心听另一名推销员说笑话，可能你认为我说的这些与你无关，但是我可不愿意从一个不尊重我的人手里买东西。"

与人交往，想要给对方留下好的印象，就要给予对方足够的尊重。强行插话，除了得罪对方，凸显自己没有礼貌、没有教养之外，再无任何意义。

当然，也许有人会问："难道，我们就该在别人说话的时候保持沉默吗？"当然不是这样的。实际上，一句话也不说，就不存在交流了，那更是失败中的失败了。

很多时候，插话是有必要的。比如，当说话者明显犹豫不决，担心我们会没有兴趣继续听他讲话时，如果我们还是一言不发，那就是不尊重对方了。此时，我们可以用一种委婉的语气，如"我对您刚才提到的很感兴趣……"这样一来，我们不仅可以适度地将自己的看法融入进来，还会让对方更高兴。这样的打断和插话，是不会引起别人反感的。

再比如，当我们必须插话的时候，我们可以说"不好意思，打断一下"，或"请问，我可以说一句吗"，待得到别人许可后，再将我们的话简洁明了地表达出来。说完，别忘了请对方接着刚才的话题继续往下说，这样既表达了我们的观点，又不失风度。

人际交往中，最有魅力的人，往往不是那些口若悬河、滔滔不绝的家伙，而是善于用心倾听的人。凡事见微知著，能时时提醒自己尊重他人的人，才能赢得他人的尊重。良好的个人形象，就是从"学会聆听，不轻易打断别人"这样的小事建立起来的。

有些问题要明知故问

中国人自古以来，就有明知故问的传统。比如，早上看见对方挎着公文包出门，会问一句"呀，去上班吗"；在菜市场上碰见熟人，则会问一句"哟，买菜呢"。

很多人对"明知故问"深恶痛绝，觉得这是浪费时间，说的是废话。其实，"明知故问"是一门大学问，可以帮我们拉近与他人的距离，促进我们的进一步交往。

在特定的情况下，有些问题是需要明知故问的。比如：您的钻戒一定很珍贵吧，您当年创业的时候一定很辛苦吧，您当年和妻子认识的时候，一定很浪漫吧……

在恰当的问题上明知故问，可以激发对方的自豪感、成就感，以及说话的欲望。这正是交际高手常用的一招：听别人说，引导别人多说。这也是最有效的沟通之道。通常，别人说得越多，我们对他的了解就越多，双方的谈话气氛也就越融洽，不是吗？

谢亚楠最近正在跟一个大客户谈生意，由于双方在合作事宜上还有争议，整个洽谈过程进行得很艰难。谢亚楠尝试了很多谈判技巧，都没有取得良好的效果。

这一天，她又约了对方的代表在咖啡厅见面，两人见面后，谢亚楠注意到对方今天穿得非常惊艳，一件利落高贵的女式黑西服，配上淡淡的妆，整个人魅力万分。

谢亚楠眼珠一转，意识到这是一个机会，连忙打了招呼，说："您的西服非常漂亮，挺配您的身材的。"对方不置可否，谢亚楠并不泄气，继续道："我猜您这西服一定很贵，我有个朋友就是开西装店的，这种质地上乘的西服，最少也得10000多块呢。"

听到这句话，这位代表终于缓和地笑了笑，说："哪里，不到9000块买的，砍价砍了好久呢。"说完两个人都被逗笑了，谈判也在轻松的气氛中向好的方面发展。

与人交流时，只要能让对方产生说话的欲望，这对我们来说，就是巨大的成功。因为对方只要愿意开口，我们就有机会抓取对方的信息，进行深入交谈。从心理学的角度，人在谈论自己的时候，往往最高兴、最投入，也最容易敞开心扉。只要他们高兴了，我们想与之形成互动，也就变得容易多了。

由此可见，"明知故问"其实是沟通中的一大利器，是让我们顺利接近那些难以接近之人的最好办法。会说话的人，往往就是利用这点为自己创造机会。

当然，明知故问不是瞎问，而是要问那些让对方感兴趣的、引以为豪的、适合向人倾诉的。比如成功经验、峥嵘岁月，以及他目前最关心、最感兴趣的问题等。并且，我们在问的时候态度一定要诚恳；

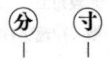

否则，别人就会觉得我们是在溜须拍马，刻意逢迎。

  日本有一位卖保险的青年，有一次，他前去拜访一位建筑企业的董事长。没想到，那位董事长并不愿意见他，一见面就给他下了逐客令。青年心思一转，就拦住那位董事长说："先生，咱们年龄差不多，但您为什么能如此成功呢？您能告诉我吗？"

  青年在提这个问题时，语气非常诚恳，任谁都觉得，他想知道董事长成功的原因。面对青年的问题，那位董事长先是一愣，随即面色柔和，没有再驱逐青年。

  随后，董事长让青年坐了下来，就坐在自己座位的对面。董事长开始滔滔不绝地向青年讲述自己的经历。没想到，这一聊就是三个小时，而青年始终在认真地听着，并在适当的时候提了一些问题，以示请教。整个过程，几乎全是董事长的回忆之旅。

  最后，董事长把自己公司里的所有保险，全都在青年那里下了保单。

  可见，我们不但要"明知故问"，更要有选择性地问，抓住那些能够让对方产生成就感与自豪感的问题开问。说白了，这种"明知故问"，其实还是一种赞美。只不过，这种赞美是委婉的、迂回的，是通过技巧，让被赞美的人自己说出来而已。

  举个例子，当我们在与女性打交道的时候，这种"明知故问"就要"夸张"一些。比如在电影《甲方乙方》中，葛优面对70多岁的老大娘，明明一看就知道对方的年龄段，但他愣是问出了"这位大姐，您有40吗"这样的话，把大娘哄得乐不可支。

其实，这与"投其所好"没什么不同，都是拿对方感兴趣的话题开刀，但只要我们的出发点是好的，那这种"投其所好"就是没有害处的。而且，这种说话技巧往往能给对方带来快乐，对于这样的"无害奉承"，多掌握一点，对我们的人生是有好处的。

总而言之，与人交往，别人越是主动向我们倾诉，就越是容易相互亲近。巧妙地运用"明知故问"的技巧，不但可以避免很多麻烦和误会，还能引导别人多谈论自己，何乐而不为呢？懂分寸的人，总是擅长"明知故问"，让人乐于向他讲述自己的故事。

提要求，选择别人心情好的时候

如今，社会竞争激烈，很多时候，像"出任CEO""迎娶白富美""升职加薪""休假旅游"之类的事，都需要我们主动提出要求，才有实现的可能。原地等待，注定只能被时代淘汰。但是，很多人都面临一个难题，那就是：如何提要求，才能得到回应？

面对不同的对象，提要求的方式也必须不同。面对父母，只要不是太过分的要求，几乎不用我们太费心思，差不多都能得到满足。但是面对其他人，又该如何呢？

至少，不能在对方心情不好，甚至大发雷霆的时候向他提要求吧。从生活中的小常识来看，当一个人心情大好的时候，他的慷慨总是要超过他的平均水平的。

张坤来公司两年了，做事一直很踏实，也很敬业，老板没少在同事面前夸他，可令他郁闷的是，工资始终不见涨。眼看新来的都涨薪了，他心中可谓十万火急。

找老板加薪，这个想法在他脑海里已经盘旋很久了，可他就是不敢和老板说，担心引起老板不满，失去工作。一天，同事陈刚说起自己加薪的事儿,说老板很容易就同意了,都不用他怎么开口。这给了张坤很大的鼓励,找老板谈加薪的心思更强烈了。

于是,他专程找了一个空闲的时间,将自己的工作经历、工作计划等,全都整理了一遍,然后拿起一份资料,假装要和老板谈事情,就进入了老板的办公室。

没想到不到十分钟,他就垂头丧气地出来了。原来,他刚进去的时候,老板正好在电话里跟他老婆吵架,挂了电话,还是臭着一张脸。但张坤一时没反应过来,坚持将自己加薪的想法道出,结果,气得老板差点儿没把烟灰缸扔他身上,他只得先退出来。

同事知道后,苦笑道:"你得找个老板心情好的时候去,相信我,下次等他心情好的时候你再去,保准儿能成功。"听了同事的话,张坤开始暗暗留心。果然,两天不到他就抓住了机会,老板与老婆和解,高兴之下,愉快地答应了张坤的加薪要求。

人都是情绪化动物,高兴的时候,往往都愿意与人为善;而不高兴的时候,哪管你洪水滔天。人的判断力,极易受到情绪波动的影响。比如,上班迟到,被上司抓住狠狠地批了一顿,这个时候,若是同事再取笑他,两人就很可能爆发武力冲突;又比如,一不小心买彩票中了2000万元大奖,恰巧遇上往日的生死大敌,说不准还会对他微笑一番。

美国心理学家艾杜亚多·安德雷德,在《心理科学》上发表过一篇研究报告:研究显示,当人们在对方心情好的时候提出要求时,对方一般情况下都会给予满足。但是,如果对方知道别人利用了他的情绪，那么下一次，即使他的心情很好，也不会再满足要求了。因此，视对方心情提要求，也要注意方式，不能让对方有被"利用"的感受。

这就是情绪的力量。大多数人都是这样，高兴的时候，整个世界都是高兴的，处理问题也更爽朗；不高兴的时候，眼中的一切都是灰暗的，连太阳都显得刺眼。

职场中的精英，大多会把"老板今天心情好吗"这句话挂在嘴边；恋爱高手，时时注意心上人的情绪波动；销售大师，关注客户的每一个举动和语气的变化。有分寸的人，总会特别在意别人的情绪变化，他们几乎不会在对方心情不佳的时候，主动凑上去触霉头。善于运用别人的情绪，让他们在不知不觉中满足我们的要求，这才是明智之举。

然而，在我们身边，有很多人却不是如此。他们总是以自我为中心，以为所有人都要围着他们转。在向别人提要求的时候，只管自己开不开心，方不方便，丝毫不顾及对方的感受以及状态。结果不言而喻，既得不到对方回应，又恶化了彼此的关系。

这样的例子，尤其容易发生在热恋中的情侣身上。比如，一些女孩子从来不管男友的情绪变化，只要自己高兴了，想要什么东西了，就死缠烂打似的，向男友索要。结果，不但自己的要求得不到满足，往往还会引来对方的一阵恶语相向，更有甚者就此分手。

遇到这样的问题，很多人会说，这是男友的问题，不珍惜自己的女友。其实不然，这是没分寸的表现。向别人提要求，本来主动权就在对方身上，自己是被动的一方，自然需要考虑到对方的心情变化。

如果忽略了这一点，却反客为主，那就是愚蠢了。

总之，我们要学会"利用"别人的情绪。情绪是一个人的晴雨表，高兴的时候，相对就会变得好说话；反之，就会让人难以接近。向别人提要求，本质上是一种索取。所以，在对方高兴的时候，成功的概率总是要高过对方不高兴的时候。不过，需要注意的是，人都不喜欢被"利用"，一旦别人察觉我们利用了他的心情，就容易起反效果。

当然，如果我们实在无法掌握对方的情绪，但又急着提出要求，那么我们就可以采取一些迂回的战术。比如，我们可以在提要求之前先赞美对方一番，让对方在我们的带动下，心情好起来。讲个幽默段子，说个冷笑话作为开场白，都是不错的选择。

虽然对方说"欢迎提意见"，但你别真的去提

形形色色的客套话，我们已然屡见不鲜。初次见面说"久仰"，征求意见说"指教"，求人帮忙说"劳驾"，求人方便说"借光"，借自己抬高别人就说"托您的福"。当然了，还有充满了"陷阱"的"大家有什么意见尽管提出来，我一定从善如流……"

张啸坤的女友是一个性格要强的人，平日里只允许别人说她的好，听不得别人说她的不好。所以明知道她身上有很多缺点，张啸坤也从来不提，生怕惹她生气。

有一次，两人从电影院里出来，兴许是满足了她长久以来的心愿，心情大好之下，她就问张啸坤："你说，跟电影里那位女主比起来，我身上还有哪些不如她的地方？"

张啸坤一听，想了一会儿，觉得她不是在开玩笑，就放下顾虑，说道："你其实已经很好啦，不过，如果能更勤快一点，偶尔做个饭，打扫一下房里的卫生，那就更完美了。毕竟这些之前都是我在做，大男人家家的手脚笨拙，家里缺了一点女性美啊。"

本来，他已经尽量用委婉的语气了，然而，当他把话说完之后，女友的脸色依旧黑了下来，说了一句："这么说，你是嫌弃我不会做饭了，那你去找个会做饭的吧，我可伺候不了你这位大爷。"说完，提着包包转身就走，任凭张啸坤怎么哄都不管用。

情侣之间的相处，当对方让我们提意见，指出对方身上的缺点时，我们一定要分外谨慎，摸清楚对方的真实意图。如果对方只是随口一说，那么我们最好不要犯傻，平白使对方不高兴。在这一点上，很多男孩子就因为"不会来事儿"，惹怒了女孩们。

事实上，不只是情侣之间，在其他的人际关系中，"意见"也不是随便乱提的，很容易得罪对方。比如，很多人就经常吃领导的亏，明明是领导让提意见，结果提了之后，又惹得对方不高兴，落得个被穿小鞋的下场。这就是没能明白领导的真实意图。

很多时候，领导口中虽然说着让我们提意见，其实，他们内心真正的想法是：没什么问题的话，就按我说的去做；如果实在有问题，你可以告诉我，然后按我说的去做。也就是说，领导真正的意思，就是让我们服从，听从命令，而不是真的提意见。

在一次公司会议上，店总林笑天下达了一个任务，并附上一份具体的工作计划，末了还问大家，有没有什么要补充的，欢迎大家提出指正的意见。新经理宋应国不明就里，腾的一下就站起来开说了，拿着那份工作计划一条一条地捋。

虽然，他的语气很委婉，措辞也很严谨，但店总林笑天的脸色还是变得有些难看。等他说完之后,店总林笑天只说了一句:"嗯,宋经理说得很有道理啊,下次制订计划的时候,可以放心地交给你了。"然后,继续让大家按照原有的计划做事。

事后,才有老前辈告诉宋应国,他的行为很冒失,店总给出的那份计划,虽然不一定是最好的,但一定是深思熟虑过后的,并且已经确定了的,根本不可能随意更改。而宋应国的行为,则很容易被视为是轻率、年轻气盛的表现,容易得罪上面的领导。

与人交往,客套话是不能信的,至少,不能全信。但我们中的一些人就是很单纯,当别人让他们提意见时,竟然诚心诚意地真去提意见了。于是,就有很多人开始抱怨:明明说好让我提意见,结果提了又不采纳,反过来怪我事儿多。当然,这还是比较"善终"的。还有一些人,他们给上司、领导提意见后,往往给自己"提"来了一只小鞋。

绝大多数打出"欢迎给我提意见"这块招牌的人,实际上并不能真正做到从善如流。如果我们当真傻傻地去提意见,很可能我们的善意在对方看来,不过尔尔。这样一来,我们不但很冤枉地给人留下一个不好的印象,还费力不讨好,影响自己的人缘。

有道是,人家跟你客气客气,你千万不要不客气。很多时候,对方让我们提意见,不过是为了在面子上过得去,又或者规章制度、工作流程如此,不得不这么做,可不是真的让我们提意见。如果我们听不懂这层弦外之音,"傻白甜"似的跑过去提一大堆意见,哪怕提得再好,也很难发挥作用。甚至更有可能,为自己带来不必要的麻烦。

成年人都有自己的世界观，对事物都有一套自己的看法，又有谁会真正需要别人的建议呢？排除客套话的成分，那些希望别人给自己提意见的人，其实不是希望听到别人的建议，而是想听到别人对自己的理解和支持。

人际交往中，人们大多喜欢说客套话，因此，在给别人提意见之前，我们一定要先弄清楚对方的真正含义。即使对方是真心让我们提建议，我们也需好好审视，不要将话说得太直接。总之，不要随便给人提意见，一个有分寸的人，永远不会直接指出别人的缺点。做个知趣的人，听懂别人的弦外之音，这才是可爱的人。

找借口拒绝你的人，
可能只是需要你再三邀请

"周末有时间吗？一起吃个饭吧，离开学校后，我们许久未见了。"

"不了，这周比较忙，可能加班。"

与人交往，难免会碰到一些拒绝我们的人，有的人被拒绝后会继续邀请，而有的人则是摇头退走，叹息道"唉，他变了，我也变了"。

其实，很多人不知道，那些拒绝我们的人，有的人是真的很忙；而有的人，只是需要我们再三邀请罢了。很可能，对方在拒绝我们的时候，心里期待的是我们第二次的邀请。如果我们没有刘备三顾茅庐的毅力，就有可能与对方失之交臂，平白浪费机会。

公司最近即将举行一场优惠活动，张小冉正好在跟一位客户谈一单大单子，还差那么一点点才能谈成，就想邀请对方参加这次活动，借此来促成单子的签订。

"梁先生吗？是这样的，我们公司将要举行一个'VIP客户酬谢大礼包'的活动，参加的话将有机会享受七折优惠，我给您报名好吗？"张小冉小心地整理措辞。

"这样啊，真不巧，我现在在美国商谈一个项目，不一定有时间，这样吧，周末再给我打电话，到时候我看有没有时间。"说完，电话那头就传来"嘟嘟"的忙音。

通常，这就是拒绝的意思。但张小冉并不气馁，等到周六，她再次拨通对方的电话："梁先生，您考虑得怎么样了，要不我这边先替您提前订好机票，您慢慢考虑？"

"啊，是张小冉啊，真不好意思。是这样，我这边的合同也到了关键的时候，最迟也就这两天。要不这样，我晚点儿再打给你。"电话那头的语气明显有了些变化。

张小冉双眼一亮，说道："那这样吧，梁先生，我把活动的具体时间和地点先发给您看一下，您也可以以此作为参考，具体安排一下时间，您看行吧。"

"也行，你发过来吧。我先看看，如果可以的话，我肯定会参加的啦。"

"好的，我立刻发给您，您查收一下。"接下来，张小冉趁这个机会，又将这次的活动进行了详细的介绍，并竭力邀请梁先生一定要到场，优惠力度会非常大。

最终，就在当天下午快下班的时候，那位梁先生主动给张小冉打了电话，告诉她自己的合同已经搞定了，可以参加这次酬谢活动了。放下电话，张小冉会心一笑。

事实上，生活中那些被人拒绝了一次又一次，仍然打起精神"再战"的人，往往最后都能达成目的，得到自己想要的东西，反倒是那些退得干脆的人，最终可能一无所获。很多时候，对方拒绝我们，并不一定是真的想拒绝我们，只是借此自抬身价罢了。

人们常说，越是容易得到的东西，越是容易弃如敝屣；反之，越是求而不得的东西，越是向往和追求。人际交往也是如此，对于那些平常就容易见到的人，我们往往并不会太过重视；而对那些再三邀请，对方却找各种借口一再推辞的人，反而倍加看重。

正是出于这一点，以至于很多人在面对别人邀请的时候，通常不会一口答应下来，都会趁机摆一下架子。换言之，表面上的拒绝，并不代表对方内心的真实想法。

在工作中，我们难免会和一些地位较高的人打交道，被拒绝是常事。这个时候，我们就需要分析一下对方的心理，看对方到底是真的拒绝我们，还是想让我们多邀请他几次，好让他的"出场"变得与众不同。如果是后者，我们就要拿出最大的诚意，给予对方最大程度上的尊重，满足对方爱面子的内心需要，多争取几次，对方自然就会答应了。

在"三顾茅庐"的故事中，诸葛亮为什么一定要刘备跑三次才肯出山呢？难道当真是玄而又玄的"天命不可违"？当然不是，以诸葛亮的料事如神，对天下大势早已看透，心中早就认定自己将来要追随的主公非刘备莫属。他之所以端架子，摆出拒人千里之外的样子，无非是想通过提高自己的身价，既试探刘备的诚意，也显示出自己的"格调"。

每个人天生都有虚荣心,希望别人能够重视自己。而最常见的让别人足够重视自己的办法,就是有意无意地拒绝对方。比如小孩儿要吃糖,我们总是不自觉地想多逗逗对方才肯把糖给出去;又比如明星们接到大导演的出演邀请,哪怕当时他很闲,也会装作很忙的样子先看看行程规划,然后才勉为其难地答应对方。这是一种处世的智慧。

因此,被人拒绝不要灰心。正所谓"张良拾履得真传",面对"再三刁难"的人,我们要懂得看透他的真实想法,也许对方真的只是在"考验"我们。一个有分寸的人,往往有三顾茅庐的精神,懂得给予对方足够的尊重,进而让对方无法再拒绝自己。